# Adicta

## a los
# Macarones

Prepara macarones como los franceses

Para Antoine,
Julie y Lucie

# Adicta

## a los
# Macarones

Prepara macarones como los franceses

*Jill Colonna*

Grupo Editorial Tomo, S.A. de C.V.
Nicolás San Juan 1043,
03100 México, D.F.

**Reconocimientos:**

*Un enorme agradecimiento a mi querida familia y amigos, quienes han tolerado con paciencia mi loco mundo de los macarones.*

*Un agradecimiento especial a Emeric Lemoine y Belinda Hopkinson por su apoyo y consejo; a Ron Grosset, Liz Small, Kenny Allan, Mark Mechan y Eleanor Abraham por su dinámico entusiasmo; a Julie y a Lucie, por no quejarse durante las sesiones fotográficas donde los macarones de mamá eran sólo para mirarse, por ser inspiradoras degustadoras de macarones y, junto con mi esposo Antoine, por darme ánimos eternamente.*

*Ahora, invito a todos los "macaronívoros" a que los disfruten también, ¡por fin!*

1a. edición, noviembre 2013.

© *Mad About Macarons!*
Jill Colonna
Texto y fotografías © 2010 Jill Colonna
Publicado en 2010 por Waverley Books
144 Port Dundas Road
Glasgow G4 0HZ, Escocia

© 2013, Grupo Editorial Tomo, S.A. de C.V.
Nicolás San Juan 1043, Col. Del Valle
03100 México, D.F.
Tels. 5575-6615, 5575-8701 y 5575-0186
Fax. 5575-6695
www.grupotomo.com.mx
ISBN-13: 978-607-415-597-6
Miembro de la Cámara Nacional
de la Industria Editorial No 2961

Traducción: Ivonne Saíd Marínez
Diseño de portada: Karla Silva
Formación tipográfica: Armando Hernández.
Supervisor de producción: Leonardo Figueroa

Este libro se publicó conforme al contrato establecido entre
*Waverley Books* y *Grupo Editorial Tomo, S.A. de C.V.*

Impreso en México - *Printed in Mexico*

# CONTENIDO

## Introducción

## Sencillos pero elegantes

# Combinaciones con chocolate

# Crea una tormenta con tu taza de té

## Macarones fuera de serie

## Impresionantes postres con macarones

## Apéndice

# INTRODUCCIÓN

Te desafío a que trates de no volverte adicta a los macarones, a comerlos y a prepararlos.

Una vez que los hagas, quedarás enganchada. Saben delicioso y se ven increíblemente elegantes. Tus amigos quedarán impresionados, sin duda. Ofrécelos como agradables regalos, como recuerdos en una boda o en una fiesta, o sorprende a tus invitados con pequeños *aperitivos* de macarones salados antes de la comida principal, o con macarones dulces como *postres miniatura* al final.

¿Crees que es difícil preparar macarones?

Este delicioso pastelito lleno de color tiene fama de ser endemoniadamente difícil de hacer, por eso su costo es tan elevado.

Pero **puedes** prepararlos en casa. Olvídate de las recetas que indican que coloques dos charolas para hornear una encima de la otra, que golpees la charola en la mesa, o que cambies la temperatura a medio proceso. Ni siquiera es necesario que uses un termómetro para pastelitos porque el nuestro es merengue francés, no italiano.

Si sigues la receta básica de *Adicta a los macarones* al pie de la letra, tendrás macarones perfectos.

# ¡Adictos a los macarones!

Los macarones franceses de colores brillantes se exhiben tentadoramente en los escaparates de París con diseños llenos de imaginación, pero con un precio menos tentador por kilo, y ésa es motivación suficiente para prepararlos en casa.

Después de varios experimentos e infinitas sesiones de degustación, reduje el contenido de azúcar lo más que pude sin afectar la apariencia del macarón. Varias de las recetas son inspiradas por los grandes maestros pasteleros de los macarones, pero están simplificadas para hacernos la vida más fácil en casa. Otras las creé yo misma usando la receta básica de las páginas 24-29 e ¡ingredientes menos comunes!

Para que aquellos alérgicos a las almendras no se queden sin probarlos, inventé el macaron sin almendras (página 48) hecho con el delicioso quinua, un grano con sabor a nuez. Mis hijas, que son mis críticas más implacables, dicen que quedan muy ricos.

En particular, estoy orgullosa de mis inventos con especias. La combinación de especias fuertes con el dulce macarón es dinamita pura. Puedes ofrecer los de tikka masala, los de betabel y salsa de rábano picante, o los de curry verde tai (páginas 100, 103 y 105) como *aperitivos* o como *entradas* únicas y sorprender a tus invitados.

La receta básica que se incluye en este libro requiere que las medidas sean exactas y que se sigan las indicaciones al pie de la letra, pero no es difícil. También descubrirás lo sencillo que es preparar los rellenos de crema pastelera o de ganache de chocolate. Una vez que domines los macarones de sabores clásicos, entonces podrás crear variedades más atrevidas.

Las lectoras americanas quedarán decepcionadas porque las medidas no son en tazas. Yo les recomiendo que compren básculas digitales, ya que suelen ser muy precisas cuando se trata de cantidades pequeñas de ingredientes que no se miden fácilmente con tazas o cucharadas.

Incluí algunos consejos para que tus macarones tengan una imagen profesional. Para impresionar, acomódalos como si fueran flores en un florero (página 93) o crea tu propia corona de chocolate para ocasiones especiales (página 90).

Además, puedes transformar los macarones en deslumbrantes postres. No implica mayor esfuerzo hacer macarones gigantes y cubrirlos con una crema ligeramente perfumada y frutas de la estación.

# ¿Qué es un "macaron" parisino?

## ¿ES UN PASTELITO DE COCO O UN MERENGUE?

La primera vez que escuché sobre los macaroons, se trataba de las galletas escocesas con centro de fondant y cubiertas de chocolate con coco rallado. La palabra macaroon se refiere a dos variedades de galletas que pueden ser de base de merengue o estar hechas de coco.

Los macaroons tienen su origen en el Renacimiento, y ya en el siglo XVIII eran como los *amaretti* estilo italiano. No obstante, a principios del siglo XX, se dio a conocer el moderno macaron de París.

En la fotografía de la página opuesta aparecen dos galletas; la del lado izquierdo, de superficie rugosa y terminada en punta, está hecha con dos *amaretti* italianas de almendras con las que se formó el sándwich.

La que está del lado derecho, es de superficie lisa, pie o *pied* curvo, exterior crujiente y relleno suave, ligero. Ése es el macaron parisino. Si la galleta no tiene el pie ondulado, entonces no es un macaron.

Al que nos referimos en este libro es el que se conoce como macaron *gerbet* o parisino, y se trata de una confitura con base de merengue y dos tapas externas crujientes que se unen para formar un sándwich de relleno suave. Fue creado a principios del siglo XX por Pierre Desfontaines, sobrino en segundo grado de Louis Ernest Ladurée, fundador de la famosa casa de repostería de macarones, *Ladurée*.

De acuerdo con el diccionario *Larousse Gastronomique*, el macaron francés proviene del *maccherone* italiano, o del *macarone* veneciano, que significa pasta fina o finamente machacada. La pasta se hace con almendras molidas, claras de huevo y azúcar, que dan al macaron el característico domo sedoso y la base ligera y ondulada.

Entonces, para que no haya confusión, usaremos la palabra macaroon para referirnos a las otras variedades de galleta sándwich de coco y almendra, y *macaron* para la confitura con base de merengue.

Es muy fácil hacer macarones en casa, lo único que se requiere es cierta técnica para que salgan bien. Con este libro descubrirás los secretos de tan delicioso pastelito francés.

# Prepara macarones como los franceses

## ¿ASÍ QUE ERES ADICTA A LOS MACARONES?

¿Así que eres adicta a los macarones? Ya somos dos, junto con la mayoría de la población *gourmet* francesa. Si aún no los conoces, entonces prepárate, porque van a atraparte. Son las piezas de lujo del mundo de la gastronomía. Es increíble la creciente afición con la que cuentan estas finas galletas. Busca en Internet, te sorprenderá el número de clubes de fans y de asociaciones que existen donde los entusiastas comparten opiniones sobre los *perfumes* o sabores más recientes que se darán a conocer en las *casas de repostería* de París y en el resto del mundo; es decir, Londres, Ginebra, Nueva York, Shanghái o Tokio. Joyeros de lujo se han inspirado en los macarones para crear obras de arte con gemas imitando la forma de este elegante pastelito. El 20 de marzo los franceses celebran la *Fête du Macaron* (La fiesta del macaron) con la llegada de la primavera.

Los macarones son en el mundo de los amantes de la comida francesa lo que los cupcakes para el resto de la gente. Pero mientras los cupcakes deben consumirse relativamente rápido para que no pierdan su textura fresca y húmeda, los macarones no pueden comerse dentro de las primeras 24 horas de su elaboración. Nada más pregúntales a mis hijas, quienes no esperaron a comerlos cuando estaban frescos pero secos, y luego los probaron un día después, cuando el centro ya había humedecido el merengue. Confirmaron que no había comparación, y ahora tienen la paciencia para **esperar** y saborearlos adecuadamente. Al día siguiente están perfectos. Se conservan en el refrigerador hasta una semana y siguen absolutamente sensacionales. La crujiente tapa exterior permanece ligera y crujiente, mientras que el aromático centro cremoso penetra en el merengue para volverse suave, fascinante y exquisito. Además, no contienen **gluten.**

## ¡ADVERTENCIA! ¡PREPARAR MACARONES PUEDE VOLVERSE UNA ADICCIÓN!

Una ola de emoción te invade cuando ves que estos pequeños domos de merengue se esponjan en el horno, formando un bello y ligero "pie" en la parte inferior. La mayor satisfacción llega cuando tus amigos y familiares los admiran, seguida de esa larga y ansiosa primera mordida. En el estricto estilo *gourmet*, esas galletas no se devoran, se *degustan* (se prueban). Ya lo verás. Crea tus propias combinaciones basándote en las recetas que se presentan en las siguientes páginas. Reserva las claras de huevo, permite que tu creatividad tome la batuta y observa lo encantados que quedan quienes te rodean.

Y, a diferencia de los cupcakes, los macarones saben aún mejor al día siguiente, y al siguiente… y al siguiente…

# Cómo conocí los macarones

## Y CÓMO DESCUBRÍ QUE PUEDO PREPARARLOS YO MISMA

Cuando llegué a vivir a Francia, hace 20 años, no era aficionada a los dulces. Una manzana y un poco de queso eran mi postre, pero las tentadoras casas de repostería parisinas rápido me atrajeron con sus sofisticados escaparates y caí rendida. ¿Cómo resistirse a un manjar perfectamente presentado llamado un *mille feuille* (mil hojas), crema pastelera de aromática vainilla entre capas de pasta de hojaldre debajo de un glaseado artístico?

De repente, me sentí a kilómetros de distancia de la pastelería de mi barrio en Edimburgo donde hacían algo similar, pero se llamaba *mayo fayo*, con acento elegante. Quise practicar ese nuevo trabalenguas y repetí *"un mille feuille, s'il vous plaît"* ("un mil hojas, por favor") en muchísimas casas de repostería, hasta que descubrí los mejores pasteles de nuestro distrito parisino y hasta que dejaron de corregir con tono altanero mi espantoso acento francés. Había mucho que aprender.

Después de probar todos los clásicos de las casas de repostería con el dinero de mi almuerzo de estudiante, resultó un alivio cuando por fin empecé a trabajar, en París, en una pastelería, en una zona elegante de la ciudad.

De vez en cuando disfrutaba de la opulencia de un *salon de thé* (salón de té) y bebía té en una taza de porcelana. Era fascinante tomar el té de la tarde en la terraza de un hotel, pero sin el piano y sin los sándwiches. ¡Las mujeres eran tan elegantes y esbeltas! Las francesas no comen entre comidas, y son muy estrictas en sus horarios de comida. Tenía una amiga tan disciplinada, que si no alcanzaba la hora del almuerzo, no comía hasta las cuatro de la tarde, la hora del té con pastel. Comen bien y permanecen delgadas.

Hace 10 años, los macarones no se encontraban en todas las casas de repostería, como ahora en las de París. Fue en esa ciudad donde descubrí el macaron. A la hora del almuerzo con las chicas en el salón de té del último piso de una muy elegante tienda departamental para damas en el distrito 16. Los macarones estaban en los platos de todas las distinguidas mujeres como si se tratara de un accesorio de moda.

Fue amor a primera vista, eran perfectos en el plato de porcelana, tan ligeros y delicados que la talla del vestido no sería un problema si quedaba prendada de ellos, y sin embargo, eran del tamaño ideal para saborearlos y apreciar su dulce y muy perfumado centro con una refrescante taza de té.

Lucían perfectos, delicados y sin duda, eran imposibles de preparar en casa. Creí que era obra de profesionales.

Al principio, cuando me mudé a Francia, fue muy difícil acostumbrarme al idioma y ajustarme a la cultura. Su manera de entretenerse era invitar a los amigos a casa a cenar en lugar de salir. La conversación fluía, el vino fluía y, aparentemente, mi francés fluía mejor con el vino (tenía un título en vino, así que ésa era mi excusa). Como verdadera parlanchina, me resultaba frustrante construir una frase con cuidado para participar en las discusiones con los amigos de mi esposo en la cena, porque cuando estaba lista para contribuir, descubría que habían cambiado de tema y quedaba como la tonta esposita escocesa. Mi orgullo estaba en juego. Tenía que impresionarlos con la comida.

Una Navidad, mi esposo me regaló un curso de cocina en París, el cual confirmó muchas cosas que ya hacía, así que, de manera sorprendente, aumentó mi confianza en la cocina. Adoro los restaurantes franceses. Seguimos la tradición francesa y recibimos a nuestros amigos en casa, así que cuando salimos de vez en cuando, la experiencia resulta ser un *romance gastronómico*, desde los cafecitos parisinos hasta los famosos y sofisticados restaurantes. Allí es donde me inspiro.

Un día, vi que una casa de repostería local ofrecía un taller de macarones y me inscribí. En el espacio de dos horas, me enseñaron los secretos del oficio y, de repente, me di cuenta de que era mucho más sencillo de lo que parecía. Más tarde, hice experimentos en casa con diferentes sabores, eliminando los rellenos de mermelada para reducir el azúcar. Me levantaba algunas mañanas pensando: "¡Las claras están listas! ¿Con qué sabores probaré?". (Para preparar macarones, lo mejor es dejar reposar las claras de huevo durante cuatro días cuando menos.) La mayor emoción es ver cómo la gente que me rodea se impresiona con los resultados. ¡Puedo hacer macarones y ni siquiera soy francesa!

Mi seguridad también mejoró cuando pude hablar el idioma. Mis hijas son bilingües y también me corrigen, lo que es muy reconfortante. Con frecuencia, sueño en francés, y sueño que hago macarones con mis hijas, cuyo trabajo favorito es probarlos y armar los pares antes de ponerles los deliciosos rellenos.

Hoy soy *macaronívora*. Mis hijas son mis mejores críticas y por eso les hago preguntas como: "¿es el color adecuado para un macaron de betabel?" y "¿pica mucho el macaron de curry?".

Bien podrías caer bajo el hechizo de la adicción de preparar macarones, de lo cual no me hago en absoluto responsable. Date la oportunidad, sé imaginativa, creativa e impresionarás a amigos y familiares con el pastelito más gratificante, fácil de preparar, glamuroso y novedoso: ¡el macaron!

# Cómo almacenar macarones

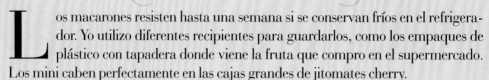

Los macarones resisten hasta una semana si se conservan fríos en el refrigerador. Yo utilizo diferentes recipientes para guardarlos, como los empaques de plástico con tapadera donde viene la fruta que compro en el supermercado. Los mini caben perfectamente en las cajas grandes de jitomates cherry.

Los recipientes de plástico sellado funcionan bien, igual que las latas de galletas. Sin embargo, mis favoritos son las cajas de cartón de los pasteles, que uso cuando voy a dar macarones de regalo.

Los macarones también aguantan en buen estado congelados hasta tres meses. Nada más descongélalos una hora antes de servirlos para que estén a temperatura ambiente. Si los congelas por anticipado, siempre impresionarás a tus invitados porque les ofrecerás como por arte de magia toda una variedad de sabores en el mismo plato.

**Recuerda sacar los macarones del refrigerador cuando menos 30 minutos antes de comerlos para que pueda apreciarse su sabor en todo su esplendor. Los macarones de chocolate deben salir del refrigerador una hora antes.**

# Macarones, estupendos obsequios

## CAJAS, BOLSAS Y LISTONES ELEGANTES

Los macarones son estupendos obsequios, ideales para ese sencillo pero elegante "gracias". Para una presentación pequeña de seis macarones, uso bolsas de celofán transparente (que se consiguen en tiendas de artículos para regalos) y moños de regalos previos que conservo en una bolsa para reciclarlos en pequeños obsequios. Para las cajas grandes compro moños más grandes.

En el caso de las cajas de regalo grandes, puedes encontrarlas en las tiendas que se especializan en artículos para pasteles, o en Internet, para que parezca que tus macarones hechos en casa ¡vienen directamente de una elegante casa de repostería francesa!

Una vez que los macarones están cocidos, es muy sencillo darles el toque final con una rápida espolvoreada de **cacao en polvo** o de **azúcar glas** con un pulverizador de chocolate.

Para una brillante apariencia dorada, plateada o bronce, cubre las tapas de los macarones con **colorante metálico** comestible (o **lustre comestible**); barnízalas, espolvoréalas o frótalas cubriendo con cuidado la tapa superior con la yema del dedo.

Crea un efecto de cuadros o de espirales con **chocolate fundido**: usa una manga pastelera pequeña con una boquilla diminuta, y simplemente pon muy poca cantidad del chocolate fundido en las tapas de los macarones apoyándote con el dorso de una cuchara. O siéntete artista y, con una brocha para repostería, barniza con el chocolate fundido.

Antes de cocer y antes de que cuajen los macarones, en la etapa del *croûter* (página 28), puedes **decorarlos** con nueces machacadas, u otras decoraciones que no se fundan en el horno.

También en la etapa del *croûter*, para darles un **toque de color intenso**, humedece un pincel delgado en colorante líquido y simplemente rocía las tapas recorriendo las cerdas del pincel con los dedos (consulta la página 78).

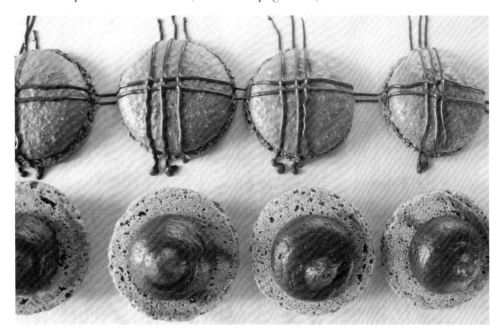

# Bodas

## SÉ UN POCO DIFERENTE

Las cajas o bolsas con uno o dos macarones están poniéndose muy de moda como **recuerdos de boda**. Haz macarones de colores brillantes y frótalos con un poco de lustre metálico. Colócalos en platones en el centro de la mesa: macarones de almendra con espolvoreado plata o lila, de rosa con lustre rosa, de vainilla con dorado, y de chocolate con bronce. Todos lucirán espectaculares como complemento del café después de la cena en ese día especial.

O bien, escribe nombres en las tapas de los macarones. Como no es necesario que el relleno sea de ganache, pueden prepararse por anticipado y almacenarse en frascos herméticos hasta una semana antes del gran día. Píntalos para que combinen con los colores que elegiste para la boda, o usa rosa para las mujeres y lila para los hombres, barnizándolos con un poco de lustre antes de poner los nombres de los invitados con glaseado o con plumas que usan colorante líquido como tinta (pregunta por ellas en las tiendas de artículos para repostería).

Los macarones son muy frágiles, tenlo presente cuando planees ofrecerlos en bodas. No te compliques, como se congelan, bien pueden prepararse con algunas semanas de anticipación. Congela las tapas, prepara los rellenos y une los macarones uno o dos días antes del gran evento, o congélalos completos con el relleno, ya sea en sus cajas o en bolsas. Necesitarás mucho espacio en el congelador o en el refrigerador, así que prepárate. No te lances a la aventura si no cuentas con el espacio adecuado para almacenarlos. Mét1os a las bolsas o a las cajas con cuidado y deja un espacio pertinente entre ellos para que no se rompan ni se aplasten. Verifica que estén intactos una semana antes de la fiesta para que te dé tiempo de preparar más en caso de que se arruinen algunos.

Si tú eres la novia, asígnale a otra persona la tarea de transportarlos cuidadosamente a la fiesta ese mismo día.

Prepara unos cuantos más de los necesarios porque es inevitable que se rompan algunos o que haya errores al escribir en ellos.

No intentes nada que no hayas hecho con anterioridad; por ejemplo, en algunas bodas te encuentras con elaboradas torres de macarones en forma de cono, cosa que es muy difícil que consiga el cocinero principiante. Uno nunca sabe qué temperatura habrá en el lugar de la fiesta y podría derretirse el "pegamento" (chocolate o caramelo). Algunas personas tendrán que construirlos en el sitio, es difícil transportar esta clase de artículos. Si eres la novia, o un invitado clave, es muy poco probable que consigas hacerlo el día de la boda sin estrés y sin angustia.

**Ingredientes:**

150 g de claras de huevo orgánico, con 4 o 5 días de reposo (consulta los consejos prácticos, en la siguiente página)

100 g de azúcar extrafina

180 g de almendras molidas

270 g de azúcar glas

Porciones:

60 macarones mini

40 macarones medianos, o

15 macarones gigantes

Tiempo aproximado: 2 horas

30 minutos de preparación

30 minutos de reposo

12 minutos de cocción

45 minutos de ensamblaje

**Utensilios:**

1 Las básculas electrónicas son esenciales, las medidas deben ser exactas.

2 Una batidora eléctrica de mano o de pie (y también un batidor de mano para los rellenos)

3 Una espátula grande (flexible, de plástico o de silicón)

4 Una manga pastelera de 40 cm (puede ser desechable; de silicón o nylon de buena calidad, lavable)

5 Una boquilla lisa para la manga pastelera (8-10 mm)

6 Una espátula para galletas de plástico flexible. La espátula también te permitirá empujar con facilidad la mezcla de la manga pastelera

7 Tres charolas planas forradas con papel encerado para hornear

8 Un cernidor mediano

9 Dos tazones mezcladores

1. Forra las tres charolas planas con papel encerado para hornear muy bien estirado, y reserva.

2. Bate las claras de huevo (a temperatura ambiente) a punto de turrón, agregando el azúcar poco a poco. (Consejo práctico: procura que el tazón y el batidor estén perfectamente limpios, cualquier rastro de grasa, yema o jabón alterarán el resultado).

   Si vas a preparar macarones de color, entonces, casi al final de la preparación de la mezcla, añade una pizca de colorante (yo prefiero los colores en polvo o en pasta, ya que se utilizan en menores cantidades).

### CONSEJOS PRÁCTICOS:

* Es más fácil separar las claras de las yemas si rompes el huevo a la mitad golpeándolo con cuidado en el borde del tazón o de otra superficie dura. Sobre el tazón, con las manos limpias, deja caer el huevo en la palma de una de tus manos, permite que la clara escurra por entre tus dedos hacia el recipiente y conserva la yema en la mano.

  No es necesario desperdiciar las yemas, consulta la página 121.

* Para preparar macarones (o merengues), se logran mejores resultados si separas las claras y las dejas reposar cuatro o cinco días en el refrigerador. Para 150 g de claras, necesitas aproximadamente cinco huevos. Guárdalas en un recipiente hermético perfectamente limpio, como un frasco de vidrio.

  Sácalas del refrigerador dos horas antes de usarlas para que estén a temperatura ambiente.

3. En un colador mediano, cierne las almendras molidas con el azúcar glas. Desecha los trozos grandes y gruesos de las almendras.

   (Consejo práctico: si son muchos los trozos grandes que debes desechar, pésalos y sustitúyelos con más almendras molidas para que sigas teniendo los 180 g especificados en la receta.)

   En el caso de los macarones de chocolate (como se ilustra), también cierne 10 g de cacao en este paso.

4 Revuelve bien para mezclar el azúcar glas con las almendras (y el cacao en polvo, en su caso).

5 Incorpora las claras batidas a los ingredientes secos con una espátula grande. Mezcla bien.

(No es necesario incorporar la mezcla "con movimientos envolventes".)

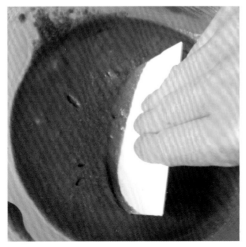

6 Luego, trabaja la mezcla (*macaronnage*) con la espátula de plástico para galletas (*corne en plastique*). Oprime muy bien hacia abajo con la espátula, de atrás hacia delante, para sacar el oxígeno de las claras. Hazlo durante 5 minutos máximo, hasta que tengas una mezcla homogénea.

(Es útil que el tazón sea de centro plano).

7  El resultado debe ser una mezcla suave y brillante que deje una "franja" en la espátula.

   Si la mezcla está muy líquida, los macarones quedarán planos.

   Si la mezcla está muy densa, se romperán.

8  Pasa la mezcla a una manga pastelera con una boquilla lisa (punta de 1 cm). Gira o sujeta con una pinza la punta para que no se derrame la mezcla.

   Es más fácil si volteas hacia afuera la parte superior de la manga antes de vaciar la mezcla con ayuda de la espátula. Así, cuando la mezcla ya esté adentro, la desdoblas y no ensucias la manga ni la superficie de trabajo.

## MANGA PASTELERA

*  Te será más fácil llenar la manga pastelera si la recargas en un frasco alto o en un vaso de medio litro.

*  Usa la espátula para galletas para bajar la mezcla de los macarones o para llenar la punta de la manga.

9 Haz los círculos del tamaño deseado (aproximadamente de 3 cm de diámetro para los medianos).

Oprime la boquilla justo sobre el papel y termina con una floritura para que consigas un círculo bien hecho. Deja un buen espacio entre los círculos porque se expanden.

10 Déjalos reposar 30 minutos para que se endurezcan (*croûter*). Esto ayuda a crear los pies (*pieds*) que hacen que un macaron sea un macaron. Están listos para hornearse cuando se sienten cocidos (duros) al tacto. Antes de que se endurezcan, puedes decorar las tapas con semillas de ajonjolí o de amapola, con cacao en polvo, coco rallado, etcétera.

Los macarones se endurecen en una hora máximo, no es necesario más tiempo.

11 Mientras están reposando, precalienta el horno de convección a 160° C.

Si tu horno no es de convección, sube ligeramente la temperatura.

**Conoce tu horno.** Todos los hornos son diferentes. Si los macarones no te quedan como esperabas, compra un termómetro para horno para saber si los ajustes de tu horno son tan exactos como deberían.

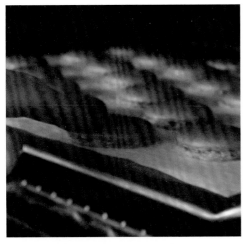

12 Coloca las charolas en el centro del horno, una por una, durante 10 o 12 minutos.

Pruébalos a los 8 minutos. Toca la parte superior de un macaron y con el dedo recórrelo de lado a lado con cuidado. Si está "aguado", déjalo cocer 3 o 4 minutos más hasta que esté firme.

Una vez listos, déjalos enfriar en la charola y luego levántalos con una espátula con cuidado.

13 Junta los círculos en parejas sobre el papel encerado, una hilera boca arriba y una hilera boca abajo.

Prepara la manga pastelera con el relleno de tu elección y vierte en las tapas que están boca arriba.

Luego, coloca la otra tapa encima con un movimiento circular para que se unte con el relleno.

### ¡HORA DE COMER MACARONES!

- **Medianos**, esta versión es perfecta para la hora del té o para la merienda.
- **Macarones mini** (son los más chicos que pueden prepararse) se sirven como *mignardises* (postres miniatura) al final de la comida.
- **Macarones mini salados** son estupendos para servirlos como novedosos *aperitivos*.
- **Gigantes**, estos macarones se usan como base para postres más elaborados.
- Los **mini macarones** se hornean durante 8 minutos.
- Los **macarones gigantes** se hornean durante 15 minutos aproximadamente, dependiendo del horno.
- La receta de la versión **sin almendras** se encuentra en la página 48.

# Rellenos para macarones...

## ...Y ALGUNOS SECRETOS

Las tapas de los macarones se unen con una gran variedad de cremas pasteleras o ganache, que es una mezcla de crema y chocolate. Si haces una cantidad grande de macarones, únelos nada más con un poco de mermelada. La mermelada combina especialmente bien con los macarones de fruta y es ideal si no tienes mucho tiempo. Incluso puedes usar crema pastelera de limón para los de sabor limón. Depende de tu gusto; sin embargo, los macarones rellenos de mermelada pueden resultar demasiado dulces. Me parece que los rellenos que sugiero en este libro los hacen muy ligeros y más del tipo de los que encontrarías en una buena casa de repostería francesa. Toman más tiempo, pero verás que vale la pena.

Los rellenos tienen dos secretos. El primero es no ponerle demasiado a los macarones, pero tampoco hay que ser muy parcos. Lo ideal es que una pequeña porción del relleno cubra por completo la superficie entre ambas tapas, porque debe haber suficiente crema para que penetre en el merengue. Ésa es la razón por la que necesitas esperar cuando menos 24 horas antes de comer estos manjares.

El segundo secreto es preparar el relleno lo más concentrado posible, sobre todo cuando se trata de rellenos de crema pastelera. Reduje la cantidad de azúcar, pero aumenté el sabor todo lo que pude. Utiliza extractos de excelente calidad, los cuales puedes adquirir en buenas tiendas de repostería. Algunas de ellas, que son especializadas, venden también saborizantes naturales, que incluso suelen estar disponibles en Internet. Asimismo, si le añades una muy pequeña cantidad de algo sólido a la crema, como una rebanada fina de fruta glaseada o de regaliz (¡y hasta de chile!), le dará al macaron ese no sé qué adicional.

Debes refrigerar los macarones cuando menos durante 24 horas antes de comerlos, así el relleno humedece la tapa. Para los de chocolate, se recomiendan 36 horas. Además, debes dejarlos reposar durante 30 minutos a temperatura ambiente antes de servirlos. Eso es lo que les da a los macarones su típico y exquisito interior suave, sin dejar de ser crujientes por fuera.

# ¡Disfruta la degustación!

## Y NO OLVIDES...

Si al principio los macarones no te quedan muy bonitos como para adornar, no te preocupes, no hay falla. Incluso las chocolaterías famosas nos tientan con anuncios gigantes de sus chocolates más sofisticados hechos con ¡macarones aplastados!

Puedes utilizarlos en muchos postres deliciosos; por ejemplo, en aquellos cuya receta pide *amarettis* machacadas, como los duraznos italianos al horno, lo ideal es sustituirlas con macarones aplastados. O simplemente utilízalos para adornar helado o chantillí con frutas frescas, ponlos en el fondant de chocolate, en los *brownies* o en el *humble crumble* (pastel de manzana horneado) para añadirle ese toque especial.

# SENCILLOS PERO ELEGANTES

Los sabores de los siguientes macarones son los clásicos que todo el mundo adora. *Tienes* que empezar con éstos.

En las recetas de todos los macarones de este libro incluí sugerencias de bebidas con las que puedes acompañarlos. No hay manera de que te equivoques con una jarra de té Darjeeling, "la champaña de los tés", una buena taza de café *espresso*, lo que te consientas y acompañes cualquier macaron con una copa de champaña seca!

# Macarones de vainilla

## MACARONS À LA VANILLE

150 g de claras de huevo orgánico
100 g de azúcar refinada
180 g de almendras molidas
270 g de azúcar glas
½ cucharadilla de vainilla en polvo (o semillas)
Colorante amarillo y caramelo

100 g de mantequilla orgánica sin sal, suavizada
160 ml de leche entera
1 vaina de vainilla, abierta a lo largo
1 huevo orgánico
20 g de azúcar refinada
20 g de natilla en polvo
Unas gotas de extracto de vainilla (opcional)

**La vainilla combina muy bien con los tés negros de Ceilán, Darjeeling y Keemun.**

¡Nada como este clásico! Podrías llamarlos "macarones de natilla" si le añades más colorante amarillo y una pizca de nuez moscada rallada. Si le agregas aún más nuez moscada, tendrás el sabor de las deliciosas *pasteis de nata*, tartas de natilla portuguesas.

Hace poco, preparé macarones de vainilla para una fiesta y lo más emocionante y satisfactorio fue ver a una niña de 13 años probar su primer macaron. Al darle el primer delicado mordisco, quedó sorprendida de que fuera tan suave por dentro. "Pensé que era como una galleta rellena de crema pastelera, pero es más como malvavisco", exclamó. Después de un largo y satisfecho "mmmm", se metió el resto a la boca.

* Sigue la receta básica de los macarones, agrega un toque de colorante amarillo y caramelo. También añade ½ cucharadita de vainilla en polvo (o semillas) a la mezcla de los macarones.

* Bate la mantequilla hasta que adquiera consistencia de crema (los franceses lo llaman *en pommade*), y reserva. En una cacerola, hierve la leche con la vaina de vainilla. Retira del fuego, saca la vaina y pártela a la mitad a lo largo, ráspala para extraer las semillas y añádelas a la leche. Deja que las semillas y la vaina reposen en la leche durante 20 minutos.

* En un tazón, bate el huevo con el azúcar y la natilla en polvo.

* Saca la vaina de la leche y vierte la leche en la mezcla de huevo. Regresa a la cacerola y vuelve a calentar, bate constantemente hasta que espese, retira del fuego y deja enfriar. Cubre la crema con plástico adherente para que no se le haga nata.

* Una vez fría, incorpora la mantequilla batiendo y agrega unas gotas de extracto de vainilla al gusto. Pasa a una manga pastelera, acomoda las tapas de los macarones en pares, sirve el relleno en una tapa de cada par y une los macarones.

* Refrigera durante 24 horas antes de servir.

# Macarones de café

150 g de claras de huevo orgánico
100 g de azúcar refinada
180 g de almendras molidas
270 g de azúcar glas
Colorante amarillo y caramelo

100 g de mantequilla orgánica sin sal
160 ml de leche entera
2 cucharadas de café granulado
1 huevo orgánico
20 g de azúcar refinada
20 g de natilla en polvo
Unas gotas de extracto de café

Me gusta comer estos macarones acompañados de té, ya que el café puede resultar demasiado fuerte. Los tés Assam y Yunnan realzan el sabor de los macarones de café.

*Café-Crème* es lo que los franceses beben en tazones por las mañanas, nuestro equivalente a una taza grande de café con leche. Lo que en la escuela aprendí que era *café au lait* (café con leche) ha provocado años de confusión (y diversión) en los cafés parisinos. Debía pedir *café-crème* (café con crema), aunque por lo general ¡no trae crema!

* Sigue la receta básica de los macarones, agrega un poco de colorante caramelo (o café) con un toque de amarillo.

* Para preparar el relleno cremoso, bate la mantequilla hasta que adquiera consistencia de crema, y reserva. En una cacerola, hierve la leche con el café.

* En un tazón, bate el huevo con el azúcar y la natilla en polvo.

* Vierte la leche con café a la mezcla de huevo y regresa a la cacerola. Vuelve a calentar, revolviendo constantemente hasta que espese, retira del fuego y deja enfriar. Cubre la crema con plástico adherente para que no se le haga nata.

* Una vez fría, incorpora la mantequilla suavizada batiendo y el extracto de café al gusto. Pasa a una manga pastelera, acomoda las tapas de los macarones en pares, sirve el relleno en una tapa de cada par y une los macarones.

* Refrigera durante 24 horas antes de servir.

# Macarones de almendra

## MACARONS AUX AMANDES

150 g de claras de huevo orgánico
100 g de azúcar refinada
180 g de almendras molidas
270 g de azúcar glas
Hojuelas de almendra (opcional)

100 g de mantequilla orgánica sin sal
160 ml de leche entera
Unas gotas de extracto de almendra amarga
1 huevo orgánico
20 g de azúcar refinada
20 g de natilla en polvo

**Acompáñalos con una buena jarra de té como Darjeeling o Assam. O bien, puedes servirlos con vinos para postre como el de la variedad Muscat o Sauternes o, si te sientes lujosamente burbujeante, con champaña semiseca.**

Éste es un *perfume* (sabor) clásico que no requiere colorantes; sin embargo, como son blancos naturales, quizá quieras agregarle una brillante capa de lustre dorado para darle ese *no sé qué* de las ocasiones especiales.

* Sigue la receta básica de los macarones. No es necesario agregar colorante. Puedes añadir algunas hojuelas de almendra a las tapas de los macarones en la etapa de *croûter* (endurecimiento) justo antes de meterlos al horno.

* Para preparar el relleno, bate la mantequilla hasta que adquiera consistencia de crema ligera y esponjosa, y reserva.

* Hierve la leche con el extracto de almendra.

* En otro tazón, bate el huevo con el azúcar y la natilla en polvo.

* Vierte la leche caliente a la mezcla de huevo y regresa a la cacerola. Vuelve a calentar, revolviendo constantemente hasta que espese, retira del fuego y deja enfriar. Cubre la crema con plástico adherente para que no se le haga nata.

* Una vez fría, incorpora la mantequilla suavizada batiendo. Agrega más extracto de almendra al gusto, si es necesario. Pasa a una manga pastelera, acomoda las tapas de los macarones en pares, sirve el relleno en una tapa de cada par y une los macarones.

* Refrigera durante 24 horas antes de servir.

# Macarones de merengue de limón

## MACARONS AU CITRON MERINGUÉ

150 g de claras de huevo orgánico
100 g de azúcar refinada
180 g de almendras molidas
270 g de azúcar glas
Colorante amarillo

100 g de mantequilla orgánica sin sal, suavizada
160 ml de leche entera
Unas gotas de extracto de limón
1 huevo orgánico
20 g de azúcar refinada
20 g de natilla en polvo
Ralladura muy fina de limón orgánico
40 g de limón o jengibre confitado (opcional)

**Son deliciosos con los tés Earl Grey, Lady Grey, Earl Grey ruso, o té verde. Otra opción es servirlos acompañados con vinos espumosos ligeros como Vouvray o Moscato d'Asti. Si no te gustan las burbujas, entonces prueba con un vino para postre como la variedad alemana Riesling o Muscat.**

Hace poco, un amigo francés describió así estos macarones cuando los probó: "Es como darle un mordisco a un pay de merengue de limón. Sientes el crujiente merengue y la crema de limón, pero bajo en calorías y más sano porque no tiene la costra del pay". Después de ese comentario, se comió otro… y luego otro para comprobar que su descripción fuera correcta.

Si eres un *gourmet* sumamente ocupado, une las tapas de los macarones con crema de limón de buena calidad. El limón y el jengibre confitado (cristalizado) también son una buena combinación de sabores.

* Sigue la receta básica de los macarones, y agrega un toque de colorante amarillo.

* Para el relleno, bate la mantequilla hasta que adquiera consistencia de crema, y reserva.

* Hierve la leche con el extracto de limón.

* En un tazón, bate el huevo con el azúcar y la natilla en polvo.

* Incorpora la leche caliente con limón a la mezcla de huevo, regresa a la cacerola y vuelve a calentar, bate constantemente hasta que espese. Retira del fuego y deja enfriar. Cubre la crema con plástico adherente para que no se le haga nata.

* Una vez fría, incorpora batiendo la mantequilla suavizada y hecha crema, y la ralladura fina de limón (fíjate que sea la más fina que puedas hacer con un rallador plano, y ten cuidado de no rallar la piel blanca porque es amarga). Pasa a una manga pastelera. En su caso, adorna cada mitad de macaron con limón (o jengibre) confitado finamente picado sobre el relleno antes de poner las tapas encima.

* Refrigera durante 24 horas antes de servir.

# Macarones de pistache

## MACARONS AUX PISTACHES

150 g de claras de huevo orgánico
100 g de azúcar refinada
180 g de almendras molidas
270 g de azúcar glas
Colorante verde y caramelo (o amarillo)

100 g de mantequilla orgánica sin sal, suavizada
160 ml de leche entera
2 cucharadas de pasta de pistache (o más pistaches sin sal molidos)
Unas gotas de extracto de almendra (opcional)
1 huevo orgánico
30 g de pistaches sin sal molidos
20 g de azúcar
20 g de natilla en polvo

**Acompáñalos con café *espresso* o té Earl Grey, Darjeeling o té verde.**

¡No olvides que debes usar pistaches sin sal para la repostería! Como es difícil conseguir pasta de pistache, puedes sustituir este ingrediente con más pistaches molidos y una pizca de extracto de almendra amarga. Para molerlos, coloca los pistaches enteros, sin sal, (y ¡sin cáscara!) en un molino para café o especias.

* Sigue la receta básica de los macarones, y agrega una pizca de colorante verde y caramelo o amarillo (3 partes de verde y 1 de amarillo o caramelo).

* Bate la mantequilla hasta que adquiera consistencia de crema, y reserva.

* En una cacerola, calienta la leche, la pasta de pistache y los pistaches molidos hasta que alcance casi el punto de ebullición. (Si no tienes pasta de pistache, agrega más pistaches molidos y unas gotas de extracto de almendra.)

* En un tazón, bate el huevo con el azúcar y la natilla en polvo.

* Vierte la leche de pistache a la mezcla de huevo y regresa a la cacerola. Vuelve a calentar, revolviendo constantemente hasta que espese, retira del fuego y deja enfriar. Cubre la crema con plástico adherente para que no se le haga nata.

* Una vez fría, incorpora la mantequilla suavizada y pasa a una manga pastelera. Acomoda las tapas de los macarones en pares, sirve el relleno en una tapa de cada par y une los macarones.

* Refrigera durante 24 horas antes de servir.

# Macarones de rosa

## MACARONS À LA ROSE

150 g de claras de huevo orgánico
100 g de azúcar refinada
180 g de almendras molidas
270 g de azúcar glas
Colorante rojo

100 g de mantequilla orgánica sin sal, suavizada
90 ml de crema baja en calorías
5 cucharadas de agua de rosas
1 huevo orgánico
20 g de azúcar refinada
10 g de maicena
Unas gotas de extracto de rosa (opcional)

**Para convertirlos en un postre verdaderamente suntuoso y maravilloso, sírvelos acompañados de champaña rosa.**

Los macarones de rosa causan un impresionante impacto visual y su sabor es igual de sorprendente. Para ocasiones especiales, como el bautizo de una bebé, colócalos sobre un domo de chocolate (página 90), y agrega más rosas confitadas a la decoración.

Los lichis combinan muy bien con la rosa, así que puedes poner medio lichi sobre la crema antes de poner la tapa encima.

\* Sigue la receta básica de los macarones, y agrega una pizca de colorante rojo. (Puedes hacer macarones en forma de corazón, nada más haz dos movimientos con la boquilla de la manga pastelera. Recuerda ajustar el tiempo de cocción si son de 6-7 cm, como los macarones gigantes, y hornéalos durante 15 minutos.)

\* Para el relleno, bate la mantequilla hasta que adquiera consistencia de crema, y reserva.

\* En una cacerola, calienta la crema con el agua de rosas.

\* En un tazón, bate el huevo con el azúcar a punto de nieve. Sin dejar de batir, agrega la maicena. Vierte en la crema de rosa caliente.

\* Regresa a la cacerola. Vuelve a calentar, batiendo vigorosamente hasta que espese la crema, retira del fuego y deja enfriar.

\* Una vez que la mezcla de rosa esté fría, agrega el extracto de rosa, en su caso; luego incorpora batiendo la mantequilla y pasa a una manga pastelera. Acomoda las tapas de los macarones en pares, sirve el relleno en una tapa de cada par y une los macarones.

\* Refrigera durante 24 horas antes de servir.

# Macarones de chocolate oscuro

## MACARONS AU CHOCOLAT NOIR

150 g de claras de huevo orgánico
100 g de azúcar refinada
180 g de almendras molidas
270 g de azúcar glas
10 g de cacao en polvo sin azúcar
Colorante café (opcional)

200 g de chocolate oscuro para cocinar (cuando menos con 64% de sólidos de cacao)
1 cucharadita de café granulado
190 g de crema para batir
50 g de mantequilla orgánica sin sal, suavizada y en cubos
Cacao en polvo o derretido para decorar (opcional)

**Acompáñalos con un café *espresso* o un *macchiato*, o té Earl Grey o rooibos (té rojo sudafricano). Si vas a servirlos al final de una comida, hazlo con un vino para postre como los tintos Rivesaltes, de Banylus, Maury o Rasteau. Para los fanáticos del vino tinto, elige uno suave con poco tanino, como el Merlot. Otra opción es que puedes disfrutarlos con un licor de naranja como el Grand Marnier o con un *whisky* de malta.**

Por lo general, el chocolate es el favorito de todos. Si le añades una pizca de café al chocolate oscuro, resaltará su intenso aroma.

Deben usarse 10 g exactos de cacao en polvo, porque, créeme, si le agregas más, es muy difícil trabajar con las tapas y los centros no se cuecen bien. ¡Por eso necesitas una báscula digital! Puedes sustituir el cacao en polvo con un poco de colorante café.

\* Sigue la receta básica de los macarones, y agrega los 10 g de cacao sin azúcar en polvo a la mezcla. También puedes añadirle un poco de colorante café con un toque de rojo para darle una apariencia intensa al chocolate.

\* Para preparar el ganache, (relleno de chocolate), troza el chocolate en un tazón. Calienta la crema y el café hasta que alcancen casi el punto de ebullición y luego vierte la mezcla en el chocolate trozado.

\* Revuelve constantemente en el centro con una cuchara de madera o un batidor de globo hasta que esté terso. Agrega la mantequilla para que obtengas un ganache con un hermoso brillo.

\* Deja enfriar, pero no esperes mucho tiempo porque el chocolate se endurece muy rápido. Pasa a una manga pastelera, acomoda las tapas de los macarones en pares, sirve el relleno en una tapa de cada par y une los macarones.

\* Para el toque final, espolvorea las tapas de los macarones con cacao en polvo o sumerge la mitad de cada macaron en chocolate fundido.

\* Refrigera cuando menos durante 24 horas, aunque lo sugerido son 36 horas. Sácalos del refrigerador una hora antes de servirlos.

# Macarones de moka sin almendras

## MACARONS MOKA (PARA ALÉRGICOS A LOS FRUTOS CON CÁSCARA)

150 g de claras de huevo orgánico

90 g de azúcar refinada

100 g de hojuelas de quinua (orgánica, precocida)

240 g de azúcar glas

10 g de cacao en polvo sin azúcar (opcional)

200 g de chocolate oscuro para cocinar (cuando menos con 64% de sólidos de cacao)

3 cucharaditas de café granulado

190 g de crema para batir

50 g de mantequilla orgánica sin sal, suavizada y en cubos

**Sírvelos acompañados de una buena taza de café *espresso* o *macchiato*. Para los fanáticos del té, con Darjeeling, Earl Grey o Rooibos.**

En la última fiesta de cumpleaños de mi hija, una frustrada niña exclamó: "No puedo comer ni uno de los macarones que están en la mesa porque tienen almendras". Fue horrible para ella ver cómo todos se lanzaron a la pila de macarones. ¡Así que crear macarones sin almendras se convirtió en mi mayor desafío! Ya había usado quinua, una semilla que además de no contener nuez, tampoco tiene gluten y sí infinidad de beneficios para la salud. El sabor de la quinua es como de nuez, por lo que el ganache de moka y chocolate es el complemento perfecto.

\* Sigue la receta básica de los macarones, usa las cantidades especificadas en esta receta y sustituye las almendras molidas con las hojuelas de quinua. Muélelas hasta hacerlas polvo en un molino de café, en la licuadora o en un molcajete. Puedes añadir 10 g de cacao en polvo sin azúcar a la mezcla de las tapas de chocolate. Deja reposar los macarones de quinua durante 1 hora 30 minutos antes de meterlos al horno. Sigue la receta básica para los macarones normales y para otros tiempos de cocción y temperatura.

\* Para preparar el ganache (relleno de chocolate), troza el chocolate en un tazón. Calienta la crema y el café hasta que alcancen casi el punto de ebullición y luego vierte en el chocolate trozado.

\* Revuelve constantemente en el centro con una cuchara de madera o un batidor de globo hasta que esté terso. Agrega la mantequilla para que obtengas un ganache con un hermoso brillo.

\* Deja enfriar, pero no esperes mucho tiempo porque el chocolate se endurece muy rápido. Pasa a una manga pastelera, acomoda las tapas de los macarones en pares, sirve el relleno en una tapa de cada par y une los macarones.

\* Refrigera cuando menos durante 24 horas, aunque lo sugerido son 36 horas, antes de servir.

\* Avísales a todos que son macarones sin almendras. Decóralos diferente al resto de los macarones; por ejemplo, escribe "sin almendras" con una pluma de repostería y colorante líquido.

# COMBINACIONES CON CHOCOLATE

Lo maravilloso del chocolate es que puedes crear tus propias combinaciones de sabores. Prácticamente, puedes probar con infinidad de posibilidades, como los mejores chefs reposteros de Francia. O bien, ¡los clásicos y sencillos son igual de deliciosos!

Por ejemplo, la combinación de chocolate con naranja funciona muy bien. Nada más usa la receta clásica de macarones de chocolate, agrega al ganache la ralladura de una naranja orgánica y un poco de extracto de naranja o de Grand Marnier para darle un toque "adulto".

Otro clásico es el de chocolate con menta, agrega extracto de menta y unas hojas frescas de menta picadas.

Otra más arriesgada, si te gusta la combinación de chocolate con chile, añade una buena pizca de pimienta de Cayena al ganache, o intenta con una pizca grande de pimienta de Sichuan para darle un toque exótico.

# Macarones de chocolate y betabel

## MACARONS CHOCOLAT-BETTERAVE

150 g de claras de huevo orgánico
100 g de azúcar refinada
180 g de almendras molidas
270 g de azúcar glas
10 g de cacao en polvo sin azúcar
Colorante rojo y azul

200 g de chocolate oscuro para cocinar (cuando menos con 64% de sólidos de cacao)
180 g de crema para batir (con 30% de grasa, cuando menos)
2 gotas de extracto de jengibre
40 g de mantequilla orgánica sin sal, suavizada y en cubos
100 g de betabel cocido, finamente rallado

Acompáñalos con café con leche o té como Earl Grey, Assam, Darjeeling o Yunnan. Si los sirves al final de una comida, entonces elige algo original como vino de jengibre (¡el jengibre resalta el sabor del chocolate y del betabel!) o un *whisky mac* (30 ml de *whisky* escocés, 30 ml de vino de jengibre y *ginger ale* con hielo).

Los niños adoran estos macarones y fue el primer sabor que desapareció en la fiesta de cumpleaños más reciente. Preparé un empalagoso pastel con fondant de chocolate y betabel que siempre tiene un éxito sorprendente, y luego lo transformé en un macaron. El sabor del betabel no predomina, simplemente le da profundidad al color del chocolate, y la sensación de morder el betabel resulta fascinante. ¡También es una manera ingeniosa de que tus hijos se coman las verduras!

Si compras betabel ya cocido, adquiérelo lo más fresco posible y, desde luego, sin vinagre.

* Sigue la receta básica de los macarones, usa colorante rojo con una pizca de azul (o colorante fucsia o frambuesa brillante) para conseguir un color betabel muy intenso.

* Para preparar el ganache (relleno de chocolate), troza el chocolate en pedazos pequeños en un tazón. En una cacerola, calienta la crema y el extracto de jengibre hasta que alcancen casi el punto de ebullición y luego vierte en el chocolate trozado.

* Revuelve constantemente en el centro con una cuchara de madera o un batidor de globo hasta que esté terso. Agrega la mantequilla para que obtengas un ganache con un hermoso brillo. Añade el betabel cocido finamente rallado y revuelve bien.

* Deja enfriar, pero no esperes mucho tiempo porque el chocolate se endurece muy rápido. Pasa a una manga pastelera, acomoda las tapas de los macarones en pares, sirve el relleno en una tapa de cada par y une los macarones.

* Refrigera cuando menos durante 24 horas, aunque lo sugerido son 36 horas, antes de servir.

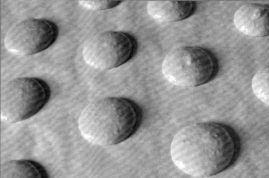

# Macarones de chocolate con caramelo

## MACARONS CHOCOLAT-CARAMEL

150 g de claras de huevo orgánico
100 g de azúcar refinada
180 g de almendras molidas
270 g de azúcar glas
Colorante caramelo

1 barra de 170 g de chocolate con leche
y caramelo (yo uso la de Nestlé)
140 g de crema para batir
30 g de mantequilla orgánica sin sal,
suavizada y en cubos
1 pizca de sal de mar

**Acompáñalos con tés Assam,
Darjeeling, Earl Grey o de Ceilán;
también con una buena taza de café
capuchino o *latte*. Si los sirves al final
de una comida, van muy bien con
vinos de postre como los Rivesaltes
Ambré, o un Riesling de Alsacia (de
vendimia tardía), o un Oporto rubio.**

Esta receta es complicada, pero es más sencilla con la barra de chocolate y caramelos lista para usarse.

Si no consigues chocolate con caramelo para cocinar, entonces usa 1 barra de chocolate con leche para cocinar, sólo 100 g de crema para batir y 40 g de miel de caramelo. O bien, sustituye la mitad del chocolate con cacao en polvo 100% y un poco de caramelo en polvo.

* Sigue la receta básica de los macarones, y agrega un poco de colorante caramelo. O bien, sigue la misma receta y haz tapas de chocolate; en ese caso, añade 10 g de cacao en polvo sin azúcar.

* Para preparar el ganache (relleno de chocolate), troza el chocolate en un tazón en piezas pequeñas. En una cacerola, calienta la crema y vierte en el chocolate trozado.

* Revuelve constantemente en el centro con una cuchara de madera hasta que esté terso (5 minutos, aproximadamente). Agrega la mantequilla para que obtengas un ganache con un hermoso brillo, y la sal.

* Deja enfriar en el refrigerador durante 1 hora cuando menos.

* Pasa a una manga pastelera, acomoda las tapas de los macarones en pares, sirve el relleno en una tapa de cada par y une los macarones.

* Para mayor efecto, funde un poco de chocolate (3 trocitos aproximadamente) y, con una cucharita, sirve rápido en los macarones terminados para decorarlos como en la fotografía

* Refrigera cuando menos durante 24 horas antes de servir.

# Macarones de chocolate, cardamomo y jengibre

## MACARONS AU CHOCOLAT, CARDAMOME ET GINGEMBRE

150 g de claras de huevo orgánico
100 g de azúcar refinada
180 g de almendras molidas
270 g de azúcar glas
10 g de cacao en polvo sin azúcar
4 g de jengibre en polvo

200 g de chocolate oscuro (cuando menos con 64% de sólidos de cacao)
190 g de crema para batir
Unas gotas de extracto de jengibre
10 vainas de cardamomo, machacadas
50 g de mantequilla orgánica sin sal, suavizada y en cubos
1 cucharada de jengibre confitado

Acompaña estos macarones tan benéficos para la salud con una buena taza de café *espresso*. Para aquellos a los que les gusta el té, sírveselos con Assam, Darjeeling o Earl Grey. En el caso de personas a las que les encantan las especias, el té chai es perfecto. Si los sirves al final de una comida, entonces, que los disfruten con un Oporto rubio, un *whisky* de malta o un brandi mezclado con un poco de vino verde de jengibre.

Me encanta la combinación del chocolate amargo con jengibre, pero el exótico cardamomo le da un sorprendente toque adicional. Se cree que el cardamomo tiene propiedades para bajar de peso así que, combinado con el magnesio del chocolate, te das el impulso que mereces para una tarde de té sana y lujosa. El jengibre es bueno para la digestión, mantiene a raya los resfriados, tiene propiedades desinflamatorias, y hasta se dice que ¡estimula la virilidad!

Para preparar **macarones de chocolate con jengibre**, omite el cardamomo y añade una cucharada adicional de jengibre confitado al ganache. Para hacer macarones de dos colores, la mitad de chocolate y la mitad de jengibre, usa la mitad de las cantidades para cada uno (consulta la página 126). Para las mitades de jengibre, son 2 partes de caramelo por 1 parte de colorante amarillo, y 2 g de jengibre en polvo.

* Sigue la receta básica de los macarones, pero agrega a la mezcla 10 g de cacao en polvo (o colorante café) y 4 g de jengibre en polvo.

* Para preparar el ganache (relleno de chocolate), troza el chocolate en un tazón en piezas pequeñas. En una cacerola, calienta la crema con el extracto de jengibre y las vainas de cardamomo durante varios minutos. Cuela las vainas y vierte la crema en el chocolate.

* Revuelve constantemente en el centro con una cuchara de madera hasta que esté terso. Agrega la mantequilla para que obtengas un ganache con un hermoso brillo. Añade el jengibre confitado (cristalizado) finamente picado. Usa uno de buena calidad, que no este cubierto de azúcar.

* Deja enfriar, pero no esperes mucho tiempo porque el chocolate se endurece muy rápido. Pasa a una manga pastelera, acomoda las tapas de los macarones en pares, sirve el relleno en una tapa de cada par. Agrega un cuadrito de jengibre confitado en el centro de cada macaron antes de ponerles las tapas.

* Refrigera cuando menos durante 24 horas, aunque lo sugerido son 36 horas, antes de servir.

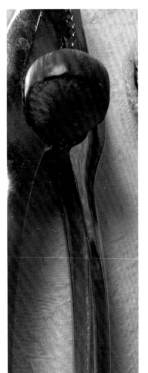

# Macarones de chocolate con avellana

## MACARONS NOISETTES ET CHOCOLAT

150 g de claras de huevo orgánico
100 g de azúcar refinada
120 g de almendras molidas
60 g de avellanas molidas finamente
270 g de azúcar glas

200 g de chocolate oscuro (cuando menos con 64% de sólidos de cacao)
190 g de crema para batir
1 cucharadita de café granulado
20 g de avellanas molidas
40 g de mantequilla orgánica sin sal, suavizada y en cubos

**Acompáñalos con té Darjeeling o con una buena taza de café *espresso*.**

Si prefieres macarones sin colorante, entonces éste es uno de los sabores ideales para ti. Los macarones de chocolate, avellana y almendra son de color natural.

* Sigue la receta básica de los macarones, y agrega los 60 g de avellanas finamente molidas.

* Para preparar el ganache (relleno de chocolate), troza el chocolate en un tazón en piezas pequeñas. En una cacerola, calienta la crema con el café hasta que alcance casi el punto de ebullición y luego vierte en el chocolate.

* Revuelve constantemente en el centro con una cuchara de madera hasta que esté terso. Agrega la mantequilla para que obtengas un ganache con un hermoso brillo y entonces añade los 20 g de avellanas molidas. (Podrías usar una barra de praliné de chocolate oscuro).

* Deja enfriar, pero no esperes mucho tiempo porque el chocolate se endurece muy rápido. Pasa a una manga pastelera, acomoda las tapas de los macarones en pares, sirve el relleno en una tapa de cada par y une los macarones.

* Refrigera cuando menos durante 24 horas, aunque lo sugerido son 36 horas, antes de servir.

### CONSEJOS PRÁCTICOS

O bien, puedes hacer macarones mini. Son ideales para servirlos como postres miniatura al final de una comida.

O sírvelos como aperitivo sin el ganache de chocolate (para las tapas, usa los ingredientes salados básicos, reducidos en azúcar; consulta la tabla de referencia de la página 126), con *foie gras* y un toque de mermelada de higo.

Los macarones gigantes son un postre excelente con crema de tiramisú, por ejemplo.

# Macarones de chocolate con té Lapsang souchong

## MACARONS AU CHOCOLAT ET THÉ FUMÉ

150 g de claras de huevo orgánico
100 g de azúcar refinada
180 g de almendras molidas
270 g de azúcar glas
10 g de cacao en polvo sin azúcar

200 g de chocolate oscuro para cocinar (cuando menos con 64% de sólidos de cacao)
190 g de crema para batir
2 bolsitas de té Lapsang souchong
2 cucharadas de *whisky*
40 g de mantequilla orgánica sin sal, suavizada y en cubos

**Acompáñalos con té Lapsang Souchong (o el té con el que elijas hacer el ganache). O bien, disfrútalos con una copa de *whisky* puro de malta de turba.**

Es delicioso agregar tés muy perfumados al chocolate, basta con que infusiones el té cuando calientes la crema para el ganache. En esta receta usé Lapsang souchong (té ahumado), pero el Earl Grey también resulta una excelente combinación (en ese caso, omite el *whisky*). También me gusta infusionar el té rooibos sudafricano (es un té rojo, antioxidante, sin cafeína, con sabor a nuez).

* Sigue la receta básica de los macarones, y agrega los 100 g de cacao en polvo a la mezcla.

* Para preparar el ganache (relleno de chocolate), troza el chocolate en un tazón en piezas pequeñas. En una cacerola, calienta la crema con el té, retira de la estufa y déjalo reposar durante 10 minutos. Añade el *whisky* y deja que la crema alcance casi el punto de ebullición, saca las bolsitas de té y luego vierte en el chocolate.

* Revuelve constantemente en el centro con una cuchara de madera hasta que esté terso. Agrega la mantequilla para que obtengas un ganache con un hermoso brillo.

* Deja enfriar, pero no esperes mucho tiempo porque el chocolate se endurece muy rápido. Pasa a una manga pastelera, acomoda las tapas de los macarones en pares, sirve el relleno en una tapa de cada par y une los macarones.

* Refrigera cuando menos durante 24 horas, aunque lo sugerido son 36 horas, antes de servir.

# Macarones de pistache y chocolate oscuro

MACARONS PISTACHE-CHOCOLAT NOIR

150 g de claras de huevo orgánico
100 g de azúcar refinada
180 g de almendras molidas
270 g de azúcar glas
Colorante verde y caramelo

200 g de chocolate oscuro para cocinar (cuando menos con 64% de sólidos de cacao)
190 g de crema para batir
30 g de pistaches recién molidos sin sal (muélelos en un molino para café o especias)
I cucharada de pasta de pistache (o más pistaches sin sal, molidos, y unas cuantas gotas de extracto de almendra)
50 g de mantequilla orgánica sin sal, suavizada y en cubos

**Acompáñalos con un café *espresso* o *latte*.**

Es posible que éstos sean los macarones más rápidos y más sencillos de preparar, y sin duda son los favoritos de la familia y los amigos. Puedes hacer tapas de dos colores y decorar los macarones con chocolate fundido y tu vena artística.

* Sigue la receta básica de los macarones, y agrega una pizca de colorantes verde y caramelo (3 partes de verde y 1 de caramelo).

* Para preparar el ganache (relleno de chocolate), troza el chocolate en un tazón en piezas pequeñas. En una cacerola, calienta la crema con la pasta de pistache y los pistaches molidos hasta que alcance casi el punto de ebullición. (Si no tienes pasta de pistache, agrega más pistaches molidos y unas gotas de extracto de almendra.) Luego vierte en el chocolate.

* Revuelve constantemente en el centro con una cuchara de madera hasta que esté terso. Agrega la mantequilla para que obtengas un ganache con un hermoso brillo.

* Deja enfriar, pero no esperes mucho tiempo porque el chocolate se endurece muy rápido. Pasa a una manga pastelera, acomoda las tapas de los macarones en pares, sirve el relleno en una tapa de cada par y une los macarones.

* Refrigera cuando menos durante 24 horas, aunque lo sugerido son 36 horas, antes de servir.

# Macarones de pistache, chocolate blanco y wasabi

## MACARONS AU PISTACHE, CHOCOLAT BLANC ET WASABI

150 g de claras de huevo orgánico
100 g de azúcar refinada
180 g de almendras molidas
270 g de azúcar glas
Colorante verde y caramelo

130 g de leche de coco
30 g de pistaches molidos
10 g de wasabi
170 g de chocolate blanco

**Lo ideal es que los acompañes con té verde; si no, el té de vainilla combina muy bien con los sabores.**

Inspirados por un postre de helado que probé hace poco, se convirtió bellamente en un macaron de wasabi atrevido y pícaro.

* Sigue la receta básica de los macarones, y agrega una pizca de colorante verde y caramelo (3 partes de verde 1 de caramelo)

* Para preparar el ganache (relleno de chocolate blanco), en una cacerola, calienta la leche de coco y los pistaches molidos. Toma un poco del líquido y revuélvelo con el wasabi. Agrega a la leche de coco.

* Troza el chocolate blanco en pedacitos y añade a la mezcla de la leche de coco y calienta a fuego medio, revolviendo constantemente con una cuchara de madera hasta que esté brillosa y uniforme.

* Deja enfriar en el refrigerador cuando menos durante una hora hasta que el chocolate esté manejable. Pasa a una manga pastelera, acomoda las tapas de los macarones en pares, sirve el relleno en una tapa de cada par y une los macarones.

* Refrigera cuando menos durante 24 horas antes de servir.

# CREA UNA TORMENTA
# CON TU TAZA DE TÉ

Ahora que ya dominas los macarones de chocolate, impresiona aún más a tus amigos y familiares con otras variaciones.

Lo bello de los macarones es que puedes adaptarlos prácticamente a casi todos los sabores que te gustan. Así que disfruta inventando tus propias combinaciones basándote en las ideas de estas recetas. (De hecho, ¡sigo experimentando con más variedades alocadas de macarones!)

Deléitate con ellos y el té de la tarde, lo que en Francia se conoce como *goûter*. Es una tradición a la que se le conoce como "quatre heures", ya que se sirve a las cuatro de la tarde, cuando los niños llegan de la escuela. Como dice mi esposo, de origen francés, no debería existir nada salvo el *goûter* entre comidas (¡nada de tentempiés!). Los macarones son excelentes opciones para la hora del *goûter*. Brindan ese impulso dulce, pero ligero, con un toque de sofisticación que te ayuda a llegar a la cena. Cuando necesito una dosis de macarones y no hay ninguno a la mano, simplemente tomo a escondidas uno o dos *perfumes* diferentes de la valiosa "reserva" de macarones que conservo en el congelador.

¡Experimenta y date el gusto!

# Macarones de mermelada

150 g de claras de huevo orgánico
100 g de azúcar refinada
180 g de almendras molidas
270 g de azúcar glas
Colorante anaranjado
Unas gotas de extracto de limón

100 g de mantequilla orgánica sin sal, suavizada
160 ml de leche entera
Unas gotas de extracto de limón
1 huevo orgánico
20 g de azúcar
20 g de natilla en polvo
Ralladura fina de 1 limón orgánico
40 g de cáscara de naranja confitada

**Son deliciosos con té Earl Grey o Darjeeling, o acompañados con un vino Gewürztraminer (mejor aún, de "vendimia tardía") al final de una comida.**

Estos macarones son una buena opción si ya preparaste una tanda de macarones de limón y quieres hacer de otro sabor, pero no tienes mucho tiempo; como opción, simplemente, haz una cantidad pequeña de tapas de naranja, usa la crema de limón y agrega cáscara de naranja caramelizada. Si quieres que el macaron sepa más a naranja, entonces sustituye la ralladura y el extracto de limón con ralladura y extracto de naranja.

* Sigue la receta básica de los macarones, y agrega una pizca de colorante anaranjado y un poco de extracto de limón. También puedes hacer macarones de dos colores, una tapa de limón y otra de naranja.

* Para preparar la crema del relleno, bate la mantequilla hasta que adquiera consistencia de crema y reserva.

* En una cacerola, hierve la leche con el extracto de limón. En un tazón, bate el huevo, el azúcar y la natilla en polvo.

* En un tazón, bate el huevo con el azúcar y la natilla en polvo.

* Incorpora la crema caliente a la mezcla de huevo y regresa a la cacerola. Vuelve a calentar, revolviendo constantemente, hasta que espese. Retira de la estufa y deja enfriar. Cubre la crema con plástico adherente para que no se le haga nata.

* Una vez fría, incorpora la mantequilla y la ralladura de limón.

* Pasa a una manga pastelera. Acomoda las tapas de los macarones en pares, sirve el relleno en una tapa de cada par. Para adornar, coloca cáscara de naranja confitada finamente picada encima de la crema antes de unir los macarones.

* Refrigera durante 24 horas antes de servir.

# Macarones de cranachan

MACARONS FRAMBOISE, WHISKY ET MIEL DE BRUYERE

150 g de claras de huevo orgánico
100 g de azúcar refinada
180 g de almendras molidas
270 g de azúcar glas
Colorante rojo

100 g de mantequilla suavizada
30 g de miel de brezo
1 huevo orgánico
10 g de maicena
50 g de whisky
50 g de crema para batir
100 g de frambuesas frescas, hechas puré
10 g de avena fina (opcional, contiene gluten)

**No es necesario decir que los acompañes con una copita, un *whisky mac* o un café irlandés.**

¡Difícilmente encontrarás este sabor tan escocés en una casa de repostería parisina! Desde luego, los ingredientes de esta receta están inspirados en el tradicional postre escocés de frambuesas frescas, crema, avena, *whisky* y miel. El relleno es una crema pastelera en lugar de crema fresca.

* Sigue la receta básica de los macarones, y agrega una buena pizca de colorante rojo para conseguir un brillante color frambuesa. También puedes hacer macarones de dos colores, una tapa rosa fuerte y otra sin color. Espolvorea con unas hojuelas de avena.

* Para preparar la crema del relleno, bate la mantequilla hasta que adquiera consistencia de crema y reserva.

* Bate la miel con el huevo hasta que adquieran consistencia de crema, después añade la maicena y continúa batiendo hasta incorporar bien.

* En una cacerola, calienta el whisky, la crema y el puré de frambuesa. Vierte en la mezcla de huevo y regresa rápido a la cacerola para seguir calentando. Bate constantemente a fuego bajo hasta que espese. Reserva para enfriar y añade la avena, en su caso.

* Poco a poco, incorpora la mantequilla batiendo.

* Pasa a una manga pastelera, acomoda las tapas de los macarones en pares, sirve el relleno en una tapa de cada par y une los macarones.

* Refrigera durante 24 horas antes de servir.

# Macarones de vainilla, limón, semillas de amapola y canela

## MACARONS VANILLE, CITRON, PAVOT ET CANNELLE

150 g de claras de huevo orgánico
100 g de azúcar refinada
180 g de almendras molidas
270 g de azúcar glas
Colorante amarillo
1 cucharadita de vainilla en polvo (o semillas)
Semillas de amapola (para decorar)

100 g de mantequilla orgánica, sin sal
160 ml de leche entera
1 vaina de vainilla, abierta a lo largo
1 huevo orgánico
20 g de azúcar refinada
1 cucharada de ron
2 cucharaditas de canela molida
20 g de natilla en polvo
Ralladura de un limón orgánico
1 cucharada de semillas de amapola

**Son deliciosos acompañados con té Earl Grey o Darjeeling.**

Inspirados por las Kalàcs, las magníficas pastelerías de Europa Oriental, aquí tienes esta versión de macarones con un toque de canela y ron que le dan un sabor sutil y único.

* Sigue la receta básica de los macarones, y agrega una pizca de colorante amarillo más la vainilla en polvo (o las semillas). En la etapa *croûter*, puedes decorar con un poco de semillas de amapola.

* Para preparar la crema del relleno, bate la mantequilla hasta que adquiera consistencia de crema y reserva.

* En una cacerola, hierve la leche con la vaina de vainilla partida a la mitad a lo largo. Retira del fuego y deja reposar durante 20 minutos. Raspa las semillas de vainilla y desecha la vaina.

* En un tazón, bate el huevo, el azúcar, el ron, 1 cucharadita de canela en polvo y la natilla en polvo.

* Vierte esta mezcla en la de la leche, regresa a la cacerola y vuelve a calentar, revolviendo constantemente hasta que espese. Retira de la estufa y deja enfriar. Cubre la crema con plástico adherente para que no se le haga nata.

* Una vez fría, incorpora la mantequilla suavizada y acremada, las semillas de amapola y la ralladura de limón. Pasa a una manga pastelera, acomoda las tapas de los macarones en pares, sirve el relleno en una tapa de cada par y une los macarones.

* Refrigera durante 24 horas antes de servir.

# Macarones de regaliz y chocolate blanco

## MACARONS À LA REGLISSE ET CHOCOLAT BLANC

150 g de claras de huevo orgánico
100 g de azúcar refinada
180 g de almendras molidas
270 g de azúcar glas
Colorante negro

100 g de crema para batir
170 g de chocolate blanco
30 g de concentrado de anís (o miel de anís, o licor de anís, como Pastis Pernod)
1 barra de 30 g de regaliz

**Acompañados con tés Yunnan o Darjeeling saben muy buenos.**

La sensación que produce la mordida de este macaron de regaliz me recuerda mi infancia, y que comía helados de regaliz. Me daban uno cuando iba a casa de mi abuelita si me portaba especialmente bien.

La mezcla de regaliz con chocolate blanco no produce burbujas en la boca, pero la explosión de los dos sabores produce casi la misma sensación.

\* Sigue la receta básica de los macarones, y agrega una buena pizca de colorante negro en polvo a las claras al final del batido. Para hacer macarones de dos colores, prepara dos medias cantidades de la mezcla y añádele colorante sólo a una de ellas en la etapa del merengue.

\* Para preparar el relleno de ganache, calienta la crema en una cacerola. Troza el chocolate blanco en pedacitos y agrega a la crema. Una vez derretido, añade el concentrado de anís (o la miel, o el licor) y revuelve constantemente hasta que adquiera una agradable consistencia tersa.

\* Retira de la estufa y deja enfriar en el refrigerador cuando menos una hora (el chocolate blanco tiende a hacerse líquido, como caramelo, por lo que se vuelve difícil de manejar, por eso revisa la consistencia con frecuencia).

\* Cuando el chocolate esté frío, pasa a la manga pastelera. Acomoda las tapas de los macarones en pares (uno blanco, uno negro), sirve el relleno en una tapa de cada par y une los macarones.

\* Refrigera durante 24 horas antes de servir.

# Macarones de azahar

## MACARONS À LA FLEUR D'ORANGE

150 g de claras de huevo orgánico
100 g de azúcar refinada
180 g de almendras molidas
270 g de azúcar glas
Colorante amarillo y rojo

100 g de mantequilla orgánica sin sal, suavizada
90 g de crema baja en calorías
5 cucharadas de agua de azahar
1 huevo orgánico
20 g de azúcar refinada
10 g de maicena
2-3 gotas de extracto de azahar (opcional)
Azúcar glas para decorar

Los puedes acompañar con una copa de vino para postre después de una comida. O bien, son un verdadero manjar en la tarde con una taza de té Earl Grey, Lady Grey, Earl Grey ruso, oolong (té azul) o de azahar.

Estos macarones delicadamente perfumados son, como postre, un agradable complemento de una típica comida marroquí como el tajín o el cuscús.

* Sigue la receta básica de los macarones, y agrega una pizca de colorante amarillo y rojo.

* Para preparar la crema del relleno, bate la mantequilla hasta que adquiera consistencia de crema y reserva.

* En una cacerola, calienta la crema y el agua de azahar hasta que alcance casi el punto de ebullición.

* En un tazón, bate el huevo y el azúcar hasta que estén blancos y cremosos, e incorpora la maicena. Vierte la crema de flor de azahar a la mezcla de huevo.

* Regresa a la cacerola y vuelve a calentar, bate rápido hasta que espese la crema, retira del fuego y deja enfriar.

* Cuando la mezcla esté fría, añade el extracto e incorpora batiendo la mantequilla suavizada y acremada. Pasa a una manga pastelera, acomoda las tapas de los macarones en pares, sirve el relleno en una tapa de cada par y une los macarones.

* Refrigera durante 24 horas cuando menos antes de servir. Para decorar, espolvorea con azúcar glas.

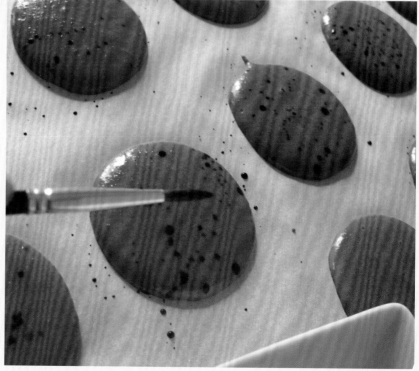

# Macarones de ciruela, Armañac y naranja

MACARONS PRUNEAUX, ARMAGNAC, ORANGES

150 g de claras de huevo orgánico
100 g de azúcar refinada
180 g de almendras molidas
270 g de azúcar glas
Colorante anaranjado (amarillo y rojo)
Colorante negro

200 ml de jugo de naranja
250 g de ciruelas
3 cucharadas de Armañac
Unas gotas de extracto de vainilla
Jugo y ralladura de una naranja orgánica
Cáscara de naranja confitada (opcional)

**Para el té de la tarde, acompáñalos con una jarra de Earl Grey ruso o Lady Grey. O bien, sirve al final de una comida con un vino Muscat frío o con un licor de naranja como Grand Marnier o Cointreau con hielo picado.**

Estos macarones fueron inspirados por una especialidad corsa: ciruelas rellenas de cáscara de naranja confitada cubiertas de azúcar. El relleno es muy sano, ya que no se le agrega azúcar más que el de la fruta natural. Si eres un *gourmet* ocupado, utiliza una pasta de ciruela ya preparada y añádele un poco de ralladura de naranja.

\* Sigue la receta básica de los macarones, y agrega una pizca de colorante amarillo y rojo para obtener un tono anaranjado intenso. En la etapa de *croûter*, con una brocha, salpícalos con un poco de colorante negro para darles un efecto dramático.

\* Para el relleno, calienta el jugo de naranja y las ciruelas en una cacerola tapada hasta que se suavicen las ciruelas. Escurre y reserva el jugo. Una vez frías, deshuesa las ciruelas.

\* En una cacerola, agrega el Armañac, el extracto de vainilla, el jugo reservado, las ciruelas deshuesadas y la ralladura. Cocina a fuego lento durante 20 minutos.

\* Deja enfriar. Haz puré la mezcla y pásala a la manga pastelera. Acomoda las tapas en pares y sirve el relleno en una tapa de cada par. Puedes agregarle un poco de cáscara de naranja confitada picada antes de unir los macarones.

\* Refrigera durante 24 horas cuando menos antes de servir.

# Macarones de tiramisú

## MACARONS TIRAMISU

150 g de claras de huevo orgánico
100 g de azúcar refinada
180 g de almendras molidas
270 g de azúcar glas
Colorante amarillo y caramelo
(opcional)

130 g de crema para batir
2 cucharadas de café en polvo
170 g de chocolate blanco
Unas gotas de extracto de almendra
amarga
Cacao en polvo para decorar
(opcional)

**Si los sirves al final de una comida, acompáñalos con un licor de café, o quizá un Amaretto. O bien, combinan perfecto con casi todos los tés: Darjeeling, Assam, o cafés capuchino, *latte* o *espresso*.**

El tiramisú siempre es un postre popular. Por qué no probar mi versión de macarones de este clásico hechos con café, chocolate blanco y ganache de almendras. Puedes agregar colorante caramelo, aunque las tapas lucen igual de bien sin color y espolvoreadas con cacao en polvo antes de servir.

* Sigue la receta básica de los macarones, y agrega una pizca de colorante caramelo y amarillo si deseas.

* Para preparar el relleno de ganache, en una cacerola, calienta la crema con el café. Troza el chocolate y fúndelo en un recipiente dentro de una olla de agua hirviendo (baño María), y añade la crema poco a poco. Agrega más extracto de almendra. (Una alternativa rápida es fundir el chocolate, el café en polvo y la crema en el microondas en tres rondas de 30 segundos cada una, revolviendo.)

* Deja enfriar en el refrigerador durante 1 hora. Verifica constantemente que tenga la consistencia adecuada, ya que el chocolate blanco es más aguado que el oscuro y es mucho más fácil trabajarlo cuando está frío (pero no duro).

* Pasa a una manga pastelera, acomoda las tapas de los macarones en pares, sirve el relleno en una tapa de cada par y une los macarones.

* Refrigera 24 horas cuando menos antes de servir. Decora con cacao en polvo justo antes de servir.

# Macarones Tutti-Frutti

## MACARONS AUX FRUITS ROUGES

150 g de claras de huevo orgánico
100 g de azúcar refinada
180 g de almendras molidas
270 g de azúcar glas
Colorante azul y rojo
Colorante negro o semillas de amapola

100 g de mantequilla orgánica, suavizada
10 g de maicena
1 huevo, batido
100 ml de frambuesas, fresas y arándanos licuados (o un *smoothie* de frutos rojos ya preparado)
2 cucharadas de crema de cassis (licor dulce de grosella negra)

**Sírvelos acompañados del té Earl Grey, de Ceilán o Yunnan.**

Puedes decorar las tapas de merengue con semillas de amapola antes de meterlas al horno, o con un toque de colorante negro, como se ilustra.

En lugar del licor de grosella negra puedes usar miel o licor de frambuesa, de fresa, o incluso de violeta. ¡Tú decides!

* Sigue la receta básica de los macarones, y agrega una pizca de colorante rojo y azul. En la etapa de *croûter*, con una brocha, salpícalos con un poco de colorante negro para darles un efecto dramático.

* Para el relleno, bate la mantequilla hasta que adquiera consistencia de crema y reserva.

* Incorpora la maicena al huevo batido. Calienta el *smoothie* y luego añádelo a la mezcla de maicena, regresa a la estufa y bate continuamente hasta que esté cremoso y espeso. Agrega la crema de cassis hasta el final.

* Una vez frío, incorpora la mantequilla acremada. Pasa a una manga pastelera, acomoda las tapas de los macarones en pares, sirve el relleno en una tapa de cada par y une los macarones.

* Refrigera durante 24 horas cuando menos antes de servir.

# Macarones de whisky y café

## MACARONS *WHISKY-CAFÉ*

150 g de claras de huevo orgánico
100 g de azúcar refinada
180 g de almendras molidas
270 g de azúcar glas
Colorante caramelo

100 g de mantequilla sin sal, suavizada
20 g de azúcar refinada
1 huevo orgánico
10 g de maicena
80 ml de *whisky*
40 ml de café *espresso*
Chocolate fundido para decorar

**Más que con té Darjeeling, acompáñalos con una copita, o un *whisky mac*, ¡o solos con un poco de agua mineral!**

Sobra decir que como escocesa, debía probar que el *"whisky mac"* podía convertirse en macaron, y es delicioso.

* Sigue la receta básica de los macarones, y agrega una pizca de colorante caramelo o café.

* Para el relleno, bate la mantequilla hasta que adquiera consistencia de crema y reserva. Bate el azúcar con el huevo hasta que estén cremosos, después agrega la maicena y revuelve bien.

* En una cacerola, calienta el *whisky* con el café. Retira del fuego y vierte en la mezcla de huevo, regresa a la cacerola. Bate constantemente a fuego bajo hasta que espese. Reserva para enfriar.

* Mezcla con la mantequilla acremada. Pasa a una manga pastelera, acomoda las tapas de los macarones en pares, sirve el relleno en una tapa de cada par y une los macarones. Puedes decorar los macarones ya hechos con unas gotas finas (y rápidas) de chocolate fundido para darles un efecto de cuadros.

* Refrigera durante 24 horas cuando menos antes de servir.

# Macarones de dátiles

## MACARONS "STICKY TOFFEE PUDDING"

150 g de claras de huevo orgánico
100 g de azúcar refinada
180 g de almendras molidas
270 g de azúcar glas
Colorante café

400 g de dátiles suaves, deshuesados y picados
60 g de mantequilla orgánica sin sal
2 cucharadas de ron oscuro
½ cucharadita de polvo de especias
2 cucharadas de miel de melaza (azúcar de caña)
Unas gotas de extracto de vainilla
120 ml de nata

Sírvelos acompañados de té Assam, de Ceilán, Darjeeling u oolong.
Si los sirves con vino, combinan muy bien con los de vendimias tardías de Riesling u otros vinos de postre como Rivesaltes Ambré o Monbazillac.

Siempre que mis hijas van a Bretaña a visitar a los abuelos, reciben una buena dosis (o sobredosis, mejor dicho) de pastel de dátiles (o pudín pegajoso al caramelo), ya que los pobres fanáticos de ese pastel no podemos conseguirlo en Francia. Sobra decir que sentí la necesidad de convertir ese pastel clásico en un macaron. La buena noticia es que ¡es igual de pegajoso, pero sin gluten!

* Sigue la receta básica de los macarones, y agrega un poco de colorante café para conseguir un buen color caramelo.

* Para el relleno, coloca los dátiles picados en una cacerola con la mantequilla, el ron, las especias, la miel y el extracto de vainilla, y cúbrelos con un poco de agua. Cocina a fuego lento, revolviendo de vez en cuando durante 10 minutos hasta que se absorba el líquido.

* Incorpora la crema y revuelve bien. Haz puré la mezcla en la licuadora o el procesador de alimentos, y reserva para que se enfríe.

* Pasa a una manga pastelera, acomoda las tapas de los macarones en pares, sirve el relleno en una tapa de cada par y une los macarones.

* Refrigera durante 24 horas cuando menos antes de servir.

# Macarones de frutas exóticas

## MACARONS MANGUE ET FRUIT DE LA PASSION

150 g de claras de huevo orgánico
100 g de azúcar refinada
180 g de almendras molidas
270 g de azúcar glas
10 g de cacao en polvo sin azúcar o
Colorante amarillo y rojo

100 g de mantequilla orgánica,
suavizada
10 g de maicena
1 huevo, batido
120 ml de licuado de mango,
maracuyá y piña (o de un *smoothie* de
frutas tropicales ya preparado)
La pulpa de 2 maracuyás
Coco seco, cacao en polvo, o lustre
metálico comestible, para decorar

**Disfrútalos acompañados de un café
capuchino o un *latte*, o sirve con té
Yunnan, Earl grey, de Ceilán o
Darjeeling. Si los sirves al final de una
comida, van muy bien con vinos
blancos afrutados como los
Gewürztraminer o Riesling.**

Si no dispones de mucho tiempo o no son frutas de la estación, entonces puedes hacer trampa usando un *smoothie* de frutas tropicales de la sección de congelados del supermercado. Las frutas tropicales combinan bien con el chocolate, así que podrías hacer tapas de chocolate para macarones bicolores.

Para preparar **macarones de frutas tropicales y coco**, haz tapas anaranjadas y espolvoréalas con coco seco. Para el relleno de crema pastelera, por qué no añadir un poco de saborizante de coco o prepáralo con 60 ml de leche de coco y 60 ml de jugo de fruta (120 ml en total) y un poco de azúcar al gusto.

* Prepara los macarones de chocolate con la receta básica, y agrega 10 g de cacao en polvo sin azúcar a la mezcla. Si te decides por los macarones bicolor, haz la mitad de la mezcla de chocolate y la otra mitad con colorante amarillo y un toque de rojo.

* Para el relleno, bate la mantequilla hasta que adquiera consistencia de crema y reserva.

* Incorpora la maicena al huevo batido.

* Calienta el licuado de fruta (o el *smoothie*) y la pulpa del maracuyá, cuela las semillas. Agrega a la mezcla de maicena y huevo, regresa a la estufa y bate constantemente hasta que esté cremosa y espesa.

* Una vez fría, incorpora batiendo la mantequilla acremada. Pasa a una manga pastelera, acomoda las tapas de los macarones en pares, sirve el relleno en una tapa de cada par y une los macarones.

* Refrigera durante 24 horas cuando menos antes de servir. Decóralos espolvoreando un poco de cacao en polvo, con lustre color bronce o con coco seco.

## Presentación de los macarones
### EL DOMO DE MACARONES

Para ocasiones especiales, bien podrías hacer tu propio centro de mesa de macarones. Simplemente utiliza un tazón limpio y seco, y ponlo al revés. Funde una barra de chocolate oscuro para cocinar en un recipiente dentro de una olla de agua hirviendo (baño maría), deja enfriar no más de 10 minutos. Con una brocha de repostería, barniza el tazón con el chocolate. A una variedad de macarones coloridos (o sólo de dos colores diferentes), unta un poco de chocolate fundido en el centro de cada macaron y pégalo en el domo. Continúa así hasta que llenes todo el tazón, pero hazlo rápido antes de que se endurezca el chocolate.

# Presentación de los macarones

## FLORES DE MACARONES

Crea tu propio florero con flores de macarones. Nada más forra brochetas de madera con papel crepé verde y clávalas en una base de espuma floral o de plastilina (o incluso de pan de jengibre) en un florero.

Asegúrate de que no les dé el sol a los macarones para que el ganache no se derrita muy rápido; aunque descubrirás que los centros de mesa no duran mucho tiempo en las fiestas, porque ¡se devoran los macarones a una velocidad impresionante!

No obstante, si decides guardarlos como objeto decorativo, verás que resisten hasta un mes (¡nada más procura no comértelos!). Para un efecto especial, puedes ponerles colorante metálico en polvo a las tapas de los macarones.

# MACARONES FUERA DE SERIE

A veces, se encuentran macarones con rellenos salados como mermelada de cebolla o jalea de tomate, o con combinaciones de pescado o aceitunas. Para ser completamente honesta, me cuesta mucho trabajo acomodar los macarones dulces con esta clase de rellenos antes o durante una comida.

La solución fue todo un desafío, reducir la cantidad de azúcar del merengue lo más posible sin afectar su apariencia y combinar con ingredientes dulces naturales como el betabel, el jitomate y hierbas dulces, que son menos fuertes para el paladar. Pero el mayor reto fue la creación de macarones con especias picantes, los "macarones picantes".

Los siguientes macarones son muy diferentes y pueden convertirse en la sensación entre los invitados cuando se ofrecen con las bebidas antes de la cena. O sorpréndelos aún más sirviéndolos como *aperitivos* antes de la entrada con un mini platillo de sopa cremosa o como guarnición de una brocheta de camarones. El secreto está en hacerlos lo más pequeños posible (querrás que tus invitados supliquen por más), lo que te resultará más sencillo si usas una boquilla más pequeña (6 mm) para la manga pastelera.

En el caso de los macarones picantes, no temas aumentar la cantidad de especias a tu gusto, pues descubrirás que entre más picante sea el macaron, la sensación del "dulce" será mucho más intensa para apagar el fuego. Si vas a congelar los de especias, no lo hagas por más de dos semanas porque la especia se desvanece. *Bon appétit!*

# Macarones de hierbas del jardín

## MACARONS AUX HERBES DU JARDIN

75 g de claras de huevo orgánico
40 g de azúcar refinada
90 g de almendras molidas
125 g de azúcar glas
1 pizca de sal
Colorante verde

1 ramita de hojas frescas de albahaca
y de hojas frescas de menta
3 cucharadas de aceite de oliva
Unas gotas de licor de anís (sin
azúcar)

**Sírvelos acompañados de un vino
ligero blanco, rosado o tinto con
buena acidez como el Vinho Verde
portugués, el rosado francés
Provençal, o el tinto italiano Chianti.**

Estos macarones saben mejor en el verano, cuando las hierbas
estás más frescas y más aromáticas. A diferencia de los otros macarones, no necesitas esperar 24 horas para comerlos.

* Sigue la receta básica de los macarones, y agrega una pizca de colorante verde
y una de sal. Haz los macarones verde claro más pequeños que puedas.

* En la licuadora, mezcla cantidades iguales de hojas frescas de menta y de albahaca (las hierbas más dulces son mejores, pero también puedes usar cilantro y perejil) con unas gotas de licor de anís y un poco de aceite de oliva.

* Acomoda las tapas de los macarones en pares, vierte el relleno en una tapa
de cada par con una cucharita y une los macarones.

* Refrigera durante 6 horas antes de servir.

# Macarones de Bloody Mary

## MACARONS BLOODY MARY

75 g de claras de huevo orgánico
40 g de azúcar refinada
90 g de almendras molidas
125 g de azúcar glas
1 pizca grande de sal
Colorante rojo
Colorante negro

50 g de mantequilla orgánica, suavizada
½ cucharadita de sal de apio
5 g de maicena
½ huevo, batido
50 g de vodka
2 cucharadas de puré de tomate
1 cucharada de salsa inglesa
Ralladura de ½ limón orgánico
1 cucharada de salsa Tabasco

**Sírvelos para acompañar las bebidas antes de la cena, como vodka frío o Martini seco. Combinan muy bien con un ligero y afrutado Chenin Blanc, un rosado ligero o un tinto frío del Loira.**

Prueba este macaron de jitomate con un toque diferente y diviértete con las guarniciones. Puedes servirlo en un plato escarchado con rodajas de limón y lleno de *crudités* como palitos de zanahoria y de apio.

Si prefieres la versión coctel, nada más sustituye el vodka con jugo de tomate.

\*   Sigue la receta básica de los macarones, y agrega una pizca grande de sal y un toque de colorante rojo. Haz los macarones más pequeños que puedas. Justo antes de meterlos al horno, decóralos con unas gotas de colorante negro ¡para que parezca salsa inglesa!

\*   Para el relleno, bate la mantequilla hasta que adquiera consistencia de crema con la sal de apio. Reserva.

\*   En un tazón, mezcla la maicena y el huevo batido. En una cacerola, calienta el vodka, el puré de tomate, la salsa inglesa, la ralladura de limón y la salsa Tabasco. Añade a la mezcla de maicena, regresa a la estufa y bate constantemente hasta que esté cremosa y espesa. Reserva para enfriar.

\*   Una vez fría, incorpora la mantequilla acremada a la mezcla y pasa a una manga pastelera. Acomoda las tapas de los macarones en pares, vierte el relleno en una tapa de cada par y une los macarones.

\*   Refrigera durante 24 horas cuando menos antes de servir.

# Macarones de tikka masala

## ¡UN MACARON PICANTE!

75 g de claras de huevo orgánico
40 g de azúcar refinada
90 g de almendras molidas
125 g de azúcar glas
Colorante caramelo y amarillo
2 g de curry en polvo
1 pizca de sal

50 g de mantequilla orgánica, suavizada
1 cucharada de cilantro fresco, picado
1 cucharadita de garam masala molido (mezcla de especias)
1 pizca de pimienta de Cayena
5 g de maicena
½ huevo, batido
50 g de crema baja en calorías
1 cucharada de curry tikka masala en pasta (¡o más fuerte si lo quieres picante!)
¼ de chile rojo, en cubos muy finos

Los sirvo como aperitivo con una elección de vino blanco afrutado como Gewürztraminer, Chenin Blanc (los Saumur o Savennières del Loira también son una buena opción) o con gin tonic.

Estoy muy orgullosa de esta creación de macarones porque un refinado chef francés los consideró sensacionales. Quería ver si el clásico platillo "británico" (pollo tikka masala) podía transformarse en un macaron, y ahora te corresponde a ti probarlo. ¡Cuidado, puedes volverte adicta! Adapta la cantidad y la intensidad de la pasta de curry a tu gusto. En lo personal, creo que entre más picante mejor, porque el dulce de las tapas del macaron controlan el picante. ¡Durante cinco segundos disfrutas de la sensación del sabor más original! También, añade una rodaja muy delgada de chile rojo antes de unir las tapas. ¡Es dinamita!

O bien, impresiona a tus invitados a cenar sirviendo estos macarones picantes para acompañar sopas cremosas de zanahoria, chirivía, cilantro, coliflor o alcachofa de Jerusalén.

* Sigue la receta básica de los macarones, y agrega un toque de colorante caramelo y amarillo al merengue. Después, cuando ciernas las almendras molidas y el azúcar glas, añade el curry en polvo y una pizca de sal. Haz los macarones más pequeños que puedas.

* Para el relleno, bate la mantequilla hasta que adquiera consistencia cremosa, agrega el cilantro picado, el garam masala, la pimienta de Cayena, y reserva. Mezcla la maicena con el huevo batido.

* Calienta a fuego bajo la leche con la pasta de curry y luego incorpora a la mezcla de maicena y huevo. Regresa a la estufa y bate constantemente hasta que esté cremosa y espesa. Reserva para enfriar.

* Una vez fría, incorpora batiendo la crema con especias. Pasa a una manga pastelera desechable (el fuerte curry tiende a manchar las mangas lavables). Acomoda las tapas de los macarones en pares, vierte el relleno en una tapa de cada par. Antes de unirlos, coloca una lámina de chile rojo sobre la crema.

* Refrigera durante 24 horas cuando menos antes de servir.

# Macarones de betabel y salsa de rábano picante

## MACARONS BETTERAVE ET RAIFORT

75 g de claras de huevo orgánico
40 g de azúcar refinada
90 g de almendras molidas
125 g de azúcar glas
1 pizca de sal
Colorante rojo y azul

50 g de mantequilla orgánica, suavizada
5 g de maicena
½ huevo
50 ml de jugo de betabel orgánico
1-1½ cucharadas de salsa de rábano picante
25 g de betabel cocido, finamente rallado o picado
1 cucharada de rábano picante recién rallado (para adornar, o usa una pequeña cantidad de pasta de wasabi)

**Sírvelos acompañados de una copa de Burgundy tinto.**

Como escocesa (nativa de climas fríos), me encanta el betabel, por eso lo transformé en macaron; y descubrí que con un poco de picante, el macaron "salado" ¡no sabía tan raro después de todo! Fueron un gran éxito cuando los serví como aperitivos en Navidad. Como son pequeños, te los metes enteros a la boca (los franceses usan el verbo *gober*, ¡tragarlos completos!). También son muy especiales si acompañas un *risotto* de betabel y jengibre con ellos.

Verás, en un instante sientes el picante de la salsa de rábano, y al siguiente segundo o dos, ¡el macaron dulce lo opaca por completo! Si no consigues la salsa de rábano fresca, añade un poco de wasabi.

* Sigue la receta básica de los macarones, y agrega una pizca grande de colorante rojo con un toque de azul y un poco de sal. Haz los macarones de betabel más pequeños que puedas.

* Para el relleno, bate la mantequilla hasta que adquiera consistencia cremosa y reserva.

* Incorpora la maicena al huevo batido. Calienta el jugo de betabel, añade a la mezcla de maicena, regresa a la estufa y bate constantemente hasta que espese. Agrega la salsa de rábano picante al gusto, y deja enfriar.

* Una vez que la mezcla esté fría, incorpora la mantequilla acremada. Pasa la mezcla a la manga pastelera. Acomoda las tapas de los macarones en pares, vierte el relleno en una tapa de cada par. Agrega el betabel rallado y un poco de rábano al relleno cremoso y une los macarones. (Si usas wasabi en vez de rábano rallado, añade una cantidad muy pequeña directamente debajo de las tapas antes de unir los macarones.)

* Refrigera 24 horas cuando menos antes de servir. No sugiero que estos macarones se congelen porque la intensidad de la especia se reduce ligeramente.

# Macarones de curry verde tai

## MACARONS AU CURRY VERT THAÏ

75 g de claras de huevo orgánico
40 g de azúcar refinada
90 g de almendras molidas
125 g de azúcar glas
1 pizca de sal
Colorante verde manzana
1 cucharada de semillas de ajonjolí negro

50 g de mantequilla orgánica, suavizada
2 cucharadas de albahaca fresca, finamente picada
Ralladura fina de 1 limón orgánico
5 g de maicena
½ huevo, batido
50 g de leche de coco
1 cucharada de pasta de curry verde tai

**Sírvelos como aperitivo con cerveza rubia o vinos blancos afrutados como Gewürztraminer, Riesling o Chenin Blanc.**

Después de los macarones de tikka masala, no pude resistir probar la versión con curry tai. La receta requiere pasta de curry verde, pero puedes adaptarla a tu gusto fácilmente, quizá con una pasta de curry rojo y cambiando el color de las tapas de los macarones a un rojo intenso. Mejor aún, haz macarones bicolor verde y rojo chile brillante (aunque tendrás que usar mucho colorante rojo).

O bien, impresiona a tus invitados a cenar sirviéndolos junto con una entrada como callo de hacha sofrito o langostinos con salsa estilo tai y adornados con una rebanada de limón.

* Sigue la receta básica de los macarones, y agrega una pizca grande de colorante verde y un poco de sal. Haz los macarones verdes más pequeños que puedas. En la etapa de *croûter*, espolvoréalos con semillas de ajonjolí negro para darle un toque exótico.

* Para el relleno, bate la mantequilla hasta que adquiera consistencia de crema, agrega la albahaca picada y la ralladura de limón, y reserva. Incorpora la maicena con el huevo batido.

* Calienta a fuego lento la leche de coco con la pasta de curry. Luego, agrega a la mezcla de maicena y huevo. Regresa a la estufa y bate constantemente hasta que esté cremosa y espesa. Reserva para enfriar.

* Una vez fría, incorpora la mantequilla acremada con la mezcla de albahaca y limón. Pasa a una manga pastelera desechable (el sabor del curry es fuerte y podría afectar el sabor de los macarones que prepares en otro momento). Acomoda las tapas de los macarones en pares, vierte el relleno en una tapa de cada par y une los macarones.

* Refrigera durante 24 horas cuando menos antes de servir.

# IMPRESIONANTES POSTRES CON MACARONES

¡*Tienes* que presumírselos a tus invitados! Son un final espectacular para una comida. Sin mucho esfuerzo, puedes hacer macarones gigantes cubiertos con una crema ligeramente perfumada y frutas de la estación, lo que dará la impresión de que compraste algo terriblemente elegante directo en una casa de repostería francesa.

Estos macarones se hacen con tapas grandes. Se preparan más rápido que los macarones de las recetas anteriores porque son abiertos, y no necesitas esperar 24 horas para que se asiente el relleno. Las bases de macaron pueden hacerse con anticipación y congelarse hasta que vayan a usarse. Me gusta hacer más de las que necesito y congelar el resto; así, cuando llegan invitados inesperados o cuando no tengo mucho tiempo para dedicarlo a la cocina, recurro a las bases de macaron y preparo un postre impresionante en minutos (nada más recuerda tener una reserva de queso mascarpone).

Sin embargo, si no tienes sobras, entonces usa 50 g de claras, 33 g de azúcar refinada, 60 g de almendras molidas, 90 g de azúcar glas, con eso es suficiente para preparar seis macarones gigantes de 6-7 cm de diámetro.

Sólo prepara la crema y decóralos un par de horas antes de servir. Más fácil, si el tiempo apremia, nada más sirve una bola grande de helado o de sorbete en el último minuto.

Las siguientes recetas rinden seis porciones. Todos estos postres van muy bien con champaña seca o semiseca.

# Macarones rosas con crema de rosa y frambuesa

## MACARON GÉANT ROSE-FRAMBOISES

6 macarones grandes rosas **
50 g de claras de huevo
33 g de azúcar refinada
60 g de almendras molidas
90 g de azúcar glas
Colorante rojo
(**O saca las bases de macaron que
tienes de reserva en el congelador)

600 g de frambuesas
2 cucharadas de azúcar refinada
3 cucharadas de agua de rosas
Unas gotas de extracto de rosa
1 paquete de 250 g de queso
mascarpone

**Sirve acompañados de champaña seca
o rosada, o un vino blanco afrutado
Gewürztraminer (de vendimia tardía).**

Éste es un macaron clásico en casi todas las fabulosas casas de repostería francesas, aunque se trata de una versión más rápida que puedes preparar en casa con queso mascarpone. ¡Es divina! O bien, prepara macarones gigantes de pistache como base, pero dales el sabor de la crema con agua de rosas.

Para san Valentín o un aniversario, haz macarones gigantes en forma de corazón como base y decóralos con pétalos de rosa.

* Siguiendo la receta básica, prepara 6 macarones rosas grandes, con unas gotas de colorante rojo. Cuando uses la manga pastelera, empieza a trabajar a partir del centro y en espiral para hacer un círculo grande de 6-7 cm de diámetro. El tiempo de horneado será de entre 10 y 15 minutos, dependiendo de tu horno. (O saca las bases de macaron que tienes de reserva en el congelador.)

* Para la crema, machaca 12 frambuesas con el azúcar, el agua de rosas, el extracto de rosa y el queso mascarpone. Bate todo hasta que la mezcla esté ligera y esponjosa. Sirve sobre un macaron gigante y coloca muchas frambuesas frescas encima.

* Para servir, espolvorea ligeramente con azúcar glas y decora con pétalos de rosa frescos. Para ocasiones especiales, incorpora la pulpa de 1 maracuyá y decora con hojas de mazapán verdes o rosas de mazapán color rosa.

* Refrigera durante 1 hora antes de servir.

# Macarones de pistache con fresas y crema

MACARON GÉANT PISTACHES-FRAISES

6 macarones grandes de pistache **
50 g de claras de huevo
33 g de azúcar refinada
60 g de almendras molidas
90 g de azúcar glas
Colorante verde
(**O saca las bases de macaron que tienes de reserva en el congelador)

600 g de fresas
2 cucharadas de azúcar refinada
1 cucharadita de extracto de almendra
2 cucharadas de pistaches molidos
1 paquete de 250 g de queso mascarpone

**Sírvelos acompañados de champaña semiseca o rosada, vino espumoso Vouvray del Loira o Moscato d'Asti.**

Este atractivo postre también luce bello con fresas silvestres, si las encuentras.

Espolvorea ligeramente con azúcar glas y decora con pistaches recién molidos y albahaca u hojas de menta. O bien, coloca encima la tapa de un macaron de pistache mediano.

* Siguiendo la receta básica, prepara 6 macarones grandes de pistache. Cuando uses la manga pastelera, empieza a trabajar a partir del centro y en espiral para hacer un círculo grande de 6-7 cm de diámetro. El tiempo de horneado será de entre 10 y 15 minutos, dependiendo de tu horno.

* Machaca 3 fresas con el azúcar, el extracto de almendra, 1 cucharada de pistaches molidos y el queso mascarpone. Bate todo hasta que la mezcla esté ligera y esponjosa. Sirve sobre un macaron gigante y coloca muchas mitades de fresa encima, o déjalas enteras si son fresas pequeñas del bosque.

* Espolvorea cada postre con el resto de los pistaches molidos.

* Refrigera durante 1 hora antes de servir.

# Macarones de caramelo estilo "Tatin"

## MACARON GÉANT FAÇON TATIN

6 macarones grandes de caramelo **
50 g de claras de huevo
33 g de azúcar refinada
60 g de almendras molidas
90 g de azúcar glas
Colorante caramelo
(**O saca las bases de macaron que tienes de reserva en el congelador)

4 manzanas verdes (de la variedad Granny Smith o de la abuela Smith), peladas, descorazonadas y rebanadas
25 g de mantequilla sin sal
3 cucharadas de azúcar
½ cucharadita de canela molida
6 cucharadas de miel de caramelo
Helado de vainilla o caramelo
Canela molida o colorante metálico en polvo para decorar

**Sírvelos acompañados de un vino de postre como Rivesaltes Ambré, un Riesling de Alsacia (de vendimia tardía), o un Oporto rubio.**

Este es otro postre sencillo pero delicioso, inspirado por la clásica *Tarte Tatin*, que es una tarta de manzana carameliza invertida (la manzana abajo y la masa arriba).

* Siguiendo la receta básica, prepara 6 macarones grandes de caramelo. Cuando uses la manga pastelera, empieza a trabajar a partir del centro y en espiral para hacer un círculo grande de 6-7 cm de diámetro. El tiempo de horneado será de entre 10 y 15 minutos, dependiendo de tu horno.

* Saltea las rebanadas de manzana en una sartén de teflón con la mantequilla y el azúcar hasta que estén doradas y translúcidas. Espolvoréalas con la canela.

* Sirve sobre cada macaron gigante de caramelo con una bola de helado y báñalos con la miel de caramelo.

* Para adornar, espolvorea el plato con más canela molida o con un poco de colorante metálico color bronce.

# Macaron de chocolate con mango y maracuyá

## MACARON GÉANT CHOCOLAT, MANGUE ET FRUIT DE LA PASSION

6 macarones grandes de chocolate **
50 g de claras de huevo
33 g de azúcar refinada
60 g de almendras molidas
90 g de azúcar glas
4 g de cacao en polvo sin azúcar
Colorante café
(**O saca las bases de macaron que
tienes de reserva en el congelador)

½ mango maduro
3 maracuyás
2 cucharadas de azúcar refinada
250 g de queso mascarpone
Cacao en polvo o coco rallado, para
decorar

**Sírvelos acompañados de un
Gewürztraminer de vendimia tardía u
otro vino de postre como Rivesaltes,
Banyuls, Maury o Rasteau.**

Además de darle sabor a la crema con el maracuyá, reservar el jugo y la pulpa de uno para adornar este platillo es un extra atractivo que hace agua la boca.

* Siguiendo la receta básica, prepara 6 macarones grandes de chocolate. Cuando uses la manga pastelera, empieza a trabajar a partir del centro y en espiral para hacer un círculo grande de 6-7 cm de diámetro. El tiempo de horneado será de entre 10 y 15 minutos, dependiendo de tu horno.

* Para la crema, machaca el mango y cuela la pulpa de dos maracuyás con el azúcar y el queso mascarpone. Bate hasta que esté ligera y esponjosa.

* Sirve en cada macaron de chocolate gigante y encima pon un poco de pulpa del último maracuyá.

* Para adornar, espolvorea el plato con cacao en polvo y coco rallado. También puedes añadir finas láminas de la otra mitad del mango.

* Refrigera durante 1 hora antes de servir.

# Macaron de café con crema de tiramisú

## MACARON GÉANT TIRAMISU

6 macarones grandes de café **
50 g de claras de huevo
33 g de azúcar refinada
60 g de almendras molidas
90 g de azúcar glas
1 cucharadita de café granulado
(**O saca las bases de macaron que
tienes de reserva en el congelador)

2 cucharadas de café *espresso* fuerte
2 huevos, separadas las claras de las
yemas
3 cucharadas de azúcar refinada
250 g de queso mascarpone
1 cucharadita de extracto de almendra
amarga
250 g de frambuesas (opcional)
Nueces tostadas, cacao en polvo o
granos de café cubiertos de chocolate,
para decorar

**Sírvelos acompañados de un Oporto
rubio, un jerez dulce o un vino de
postre como Muscat. También son
deliciosos con un poco de Amaretto.**

Este postre sabe delicioso con las bases de macarones gigantes.
Combinan maravillosamente con higos hervidos en Marsala.

* Siguiendo la receta básica, prepara 6 macarones grandes de café. Cuando uses la manga pastelera, empieza a trabajar a partir del centro y en espiral para hacer un círculo grande de 6-7 cm de diámetro. El tiempo de horneado será de entre 10 y 15 minutos, dependiendo de tu horno.

* Prepara un poco de café fuerte y deja enfriar.

* Para la crema, bate las dos claras de huevo con el azúcar a punto de turrón. En un tazón, revuelve el queso mascarpone con las yemas hasta que adquieran una consistencia tersa.

* Agrega 2 cucharadas del café frío y el extracto de almendra a la mezcla de mascarpone e incorpora despacio las claras.

* Sirve sobre la base de cada macaron gigante y, en su caso, coloca las frambuesas encima. Si no consigues frambuesas frescas, entonces decóralos con nueces tostadas. Refrigera hasta que vayas a servirlos.

* Cuando estén listos para servirse, espolvorea con cacao en polvo sin azúcar y decora con los granos de café cubiertos de chocolate.

* Refrigera durante una hora antes de servir.

# Macaron de dátiles

## MACARON GÉANT "STICKY TOFFEE PUDIN"

6 macarones grandes de color *toffee* (caramelo)**
50 g de claras de huevo
33 g de azúcar refinada
60 g de almendras molidas
90 g de azúcar glas
Colorante caramelo o café
(**O saca las bases de macaron que tienes de reserva en el congelador)

400 g de dátiles suaves de la variedad medjool, deshuesados y picados
50 g de mantequilla orgánica sin sal
3 cucharadas de ron oscuro
½ cucharadita de polvo de mezcla de especias
Unas gotas de extracto de vainilla

Salsa de caramelo:
85 g de azúcar mascabado
150 ml de nata líquida
100 g de mantequilla sin sal
2 cucharadas de miel de melaza

**Sírvelos acompañados con un Riesling de vendimia tardía u otro vino de postre como Rivesaltes Ambré o Monbazillac.**

¡Ningún capítulo de postres estaría completo sin nuestro pudín pegajoso al caramelo! No puedo decir que se trate de una versión más ligera que la clásica británica, pero cuando menos no tiene gluten y es igual de pegajoso.

* Siguiendo la receta básica, prepara 6 macarones grandes color caramelo. Cuando uses la manga pastelera, empieza a trabajar a partir del centro y en espiral para hacer un círculo grande de 6-7 cm de diámetro. El tiempo de horneado será de entre 10 y 15 minutos, dependiendo de tu horno.

* Para la cubierta pegajosa de dátiles, en una cacerola, coloca los dátiles picados con la mantequilla, el ron, las especias y el extracto de vainilla, y cubre con un poco de agua. Cocina a fuego lento, revolviendo de vez en cuando durante 10 minutos hasta que se absorba el líquido. Reserva.

* Prepara la salsa. A fuego lento, funde todos los ingredientes en una cacerola durante 5 minutos hasta que la salsa esté tersa, luego deja que suelte el hervor (a fuego lento) para que espese bien.

  (Si eres un *gourmet* ocupado, compra la salsa de caramelo pegajosa ya preparada.)

* Sirve la mezcla de dátiles pegajosos sobre cada base de macaron y baña con la salsa de caramelo tibia directo en la mesa. También puedes servirlos con helado para que sean un final completamente de locura.

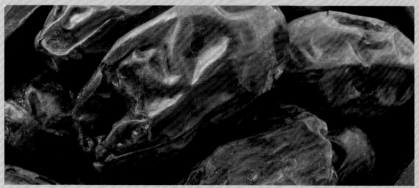

# APÉNDICE:

## QUÉ HACER CON LAS YEMAS DE HUEVO… Y MÁS

Está perfecto que guardes las claras de huevo en el refrigerador para tus macarones, pero ¿qué puedes hacer con las yemas? Mientras las claras aguantan refrigeradas hasta una semana (también puedes congelarlas), las yemas frescas deben consumirse rápido. Para nosotros, los ahorrativos *gourmets*, que no nos gusta desperdiciar unas buenas yemas, aquí hay excelentes ideas para usarlas. Aunque el espacio no nos permite incluir todas las recetas que quisiéramos, en las siguientes páginas encontrarás una lista de ideas para utilizar las yemas adicionales, así como mis recetas para hacer mayonesa, *crème brulée* y helado de vainilla.

Las yemas de huevo son una excelente fuente de proteína, vitamina B, vitamina A, D y E, zinc y hierro.

# Ideas para usar las yemas de huevo

**Blanquette de veau** (guisado de ternera): agrega 2 yemas de huevo al final de la cocción para espesar la salsa.

**Crema inglesa** *(Crème anglaise):* la salsa de natilla, o *crème anglais*, requiere 4 yemas. Esta clásica salsa se sirve principalmente con postres de chocolate.

*Crème brulée:* consulta la receta en la página 124.

**Crema pastelera de limón:** requiere 4-5 yemas.

**Glaseado:** esa tentadora costra dorada en galletas, pan, bollos.

**Helado:** ¡el hecho en casa siempre sabe mejor! Consulta la receta en la página 125.

**Mayonesa:** consulta la receta en la siguiente página.

**Mousse de chocolate:** *mousse* de chocolate blanco u oscuro, *mousse* de café, *mousse* de fruta.

**Natilla:** requiere 4 yemas.

**Pan francés:** agrega una yema extra al huevo batido, leche, azúcar y vainilla con que se capea este rápido postre de pan viejo, panqué o bísquets.

*Pasteis* **de nata:** usa 6 yemas para esta clásica tarta de nata portuguesa.

**Pastel de chocolate:** agrega una yema de huevo al pastel de chocolate para hacerlo más espeso y más viscoso (más como *fondant*). También aplica para los *brownies* de chocolate.

**Pudín de arroz:** agrega un toque extra al pudín de arroz. Bate 2 yemas de huevo con dos cucharadas de azúcar refinada hasta que estén ligeras y cremosas. Luego, incorpora al pudín de arroz cocido.

*Quiches* **y tartas:** nada más agrega una yema extra a la mezcla básica de huevo y crema para tartas o tartaletas dulces o saladas.

*Sabayón* **o** *Zabaglione***:** requiere 6 yemas con azúcar y vino Marsala.

**Salsas bearnesa u holandesa:** ambas requieren 3 yemas de huevo.

**Salsa bechamel para musaca griego:** agrega 2 yemas de huevo a la salsa bechamel normal para aderezar el musaca. El huevo le dará un ligero brillo.

**Salsa cremosa de limón para pasta:** mezcla 2 yemas de huevo, un frasco chico de *crème fraîche*, la ralladura y el jugo de limón orgánico, un poco de queso parmesano recién rallado, semillas de amapola, perejil finamente picado y sazona. Añade al espagueti cocido al final de la cocción para preparar un rápido plato de pasta con camarones.

**Tarros de** *crème***:** es igual que la *crème brulée*, pero sin la crujiente capa "quemada". Incluye crema quemada (crema catalana).

# Mayonesa

## EL ADEREZO CLÁSICO

2 yemas de huevo
½ cucharadita de sal de mar
1-2 cucharaditas de mostaza Dijon
200 ml de aceite de oliva
1 cucharada de vinagre de vino blanco
(solo o con hierbas)

Tiempo de preparación: 10-15 minutos

Asegúrate de que tus ingredientes estén a temperatura ambiente para que obtengas la mayonesa perfecta.

Existe toda una variedad de mayonesas que puedes preparar: para la mayonesa con hierbas, agrega el jugo y la ralladura de un limón y un poco de hierbas frescas picadas; machaca 4 dientes de ajo con una cucharadita de sal de mar y tendrás el *aïoli* perfecto; agrega 1-2 cucharaditas de wasabi para darle un sabor más fuerte para acompañar mariscos y tortas de pescado; y para la clásica salsa tártara, nada más añade una cucharada de pepinillos, una de alcaparras, una de eneldo, una de perejil, todo finamente picado, y el jugo de ½ limón (ve la imagen en la parte inferior).

* Bate las yemas de huevo, la sal y la mostaza con un batidor de globo metálico en un tazón de vidrio. Poco a poco, agrega el aceite de oliva, vertiéndolo poco a poco y en hilillo, sin dejar de batir. Una vez que la mezcla empiece a espesar, añade el vinagre de vino blanco (yo tengo un fabuloso vinagre de estragón que da resultados increíbles).

* La mayonesa puede conservarse durante tres días en un recipiente hermético en el refrigerador.

# Crème Brulée

## NATILLA FLAMEADA

8 yemas de huevo
80 g de azúcar refinada
600 ml de crema (o 400 ml de crema y
200 ml de leche entera)
1 vaina de vainilla
4 cucharadas de azúcar morena para
caramelizar

(Ve la imagen de la página 120). Sirve versiones mini en pequeños tazones para yogur o en caballitos y ¡un macaron encima! (Ve la imagen de la parte inferior.)

Variaciones: es muy sencillo que inventes tus propias versiones, ya que puedes dejar reposar toda clase de sabores en la crema, como pistache, limón, naranja, lavanda, té Earl Grey, café. A los franceses también les gusta la *crème brulée* salada, como ¡la de *foie gras*!

* Precalienta el horno a 120° C.

* Mezcla las yemas con el azúcar hasta que estén cremosas. En una cacerola, calienta la crema y la vainilla hasta que esté tibia. Retira la vainilla, raspa las semillas en la crema, luego vierte en la mezcla de huevo y revuelve bien.

* Sirve en tazoncitos individuales y coloca a *baño María* (en una charola para rostizar llena de agua hasta la mitad será suficiente) en el horno durante 1 hora 15 minutos. Deja enfriar y luego refrigera durante 2 horas.

* Antes de servir, espolvorea con azúcar morena y caramelízala rápido con un soplete o debajo de la parrilla caliente.

* También puedes servirla con la mitad de un macaron de pistache encima.

# Helado de vainilla

## CRÈME GLACÉE À LA VANILLE

8 yemas de huevo
120 g de azúcar refinada
400 ml de leche entera
200 ml de crema para batir
1 vaina de vainilla

Lo ideal es contar una máquina para hacer helado. Si no la tienes, entonces saca la crema del congelador cada 30 minutos (5 veces, aproximadamente) y revuelve bien la mezcla parcialmente congelada.

El helado hecho en casa siempre sabe mejor y la belleza es que puedes variar los sabores; por ejemplo, simplemente sustituye la vainilla con la ralladura de 2 limones para el helado de limón; 3 cucharadas de café en polvo para el helado de café; 2 cucharadas de menta finamente picada; 2 cucharadas de té verde matcha; nueces tostadas y caramelo. La lista es infinita.

Sobra decir que decores el helado con un macaron, o el macaron con el helado.

* En un tazón grande, bate las yemas y el azúcar hasta que adquieran consistencia de crema ligera.

* En una cacerola, calienta la leche y la crema con la vaina de vainilla partida a lo largo a la mitad. Deja que suelte el hervor, retira del fuego para que la vainilla repose en la leche cremosa durante 5-10 minutos. Raspa las semillas para sacarlas y añádeselas a la crema.

* Deja que la leche cremosa vuelva a soltar el hervor y vierte en la mezcla de huevo, batiendo constantemente. Regresa la mezcla a la cacerola y calienta a fuego medio, batiendo constantemente hasta que la natilla espese y cubra el dorso de una cuchara. Saca la vainilla y deja que la mezcla repose mientras se enfría.

* Una vez fría, refrigera durante 1-2 horas antes de verter y batir en la máquina para hacer helado.

# Guía de consulta rápida para las claras de huevo

Como no siempre puede predecirse la cantidad exacta de claras de huevo que reservas con anticipación, incluyo algunas conversiones. Pega la información en el refrigerador para que la consulta sea rápida. Una clara de huevo pesa aproximadamente 35 g. Cuando haces cantidades menores de macarones es más sencillo rellenarlos con ganache de chocolate.

150 g de claras de huevo
100 g de azúcar refinada
180 g de almendras molidas
270 g de azúcar glas

140 g de claras de huevo
92 g de azúcar refinada
168 g de almendras molidas
252 g de azúcar glas

130 g de claras de huevo
86 g de azúcar refinada
156 g de almendras molidas
234 g de azúcar glas

120 g de claras de huevo
79 g de azúcar refinada
144 g de almendras molidas
216 g de azúcar glas

110 g de claras de huevo
72 g de azúcar refinada
132 g de almendras molidas
198 g de azúcar glas

100 g de claras de huevo
66 g de azúcar refinada
120 g de almendras molidas
180 g de azúcar glas

75 g de claras de huevo
50 g de azúcar refinada
90 g de almendras molidas
135 g de azúcar glas

60 g de claras de huevo
40 g de azúcar refinada
72 g de almendras molidas
108 g de azúcar glas

50 g de claras de huevo
33 g de azúcar refinada
60 g de almendras molidas
90 g de azúcar glas

Salados (reducidos en azúcar):
75 g de claras de huevo
40 g de azúcar refinada
90 g de almendras molidas
125 g de azúcar glas

50 g de claras de huevo
30 g de azúcar refinada
60 g de almendras molidas
80 g de azúcar glas

# Proveedores

## Utensilios

Están disponibles en la sección de cocina de casi todas las tiendas departamentales y de los supermercados.

## Saborizantes y extractos

Los extractos naturales y los saborizantes están disponibles en casi todos los supermercados; o bien, en Internet encontrarás la información completa de los proveedores.

## Colorantes, lustres comestibles

En el caso de los colorantes en polvo (o pasta), búscalos en tiendas de repostería especializadas; o bien, en Internet encontrarás la información completa de los proveedores.

## Cajas para pastel y bolsas de regalo

En tiendas especializadas en productos para pasteles y tiendas de regalos.